医院医疗保险
价格管理概论

YIYUAN YILIAO BAOXIAN JIAGE GUANLI GAILUN

韩全意 主审

张树海 韦新刚 李中凯 主编

甘肃科学技术出版社

（甘肃·兰州）

图书在版编目（CIP）数据

医院医疗保险价格管理概论 / 张树海，韦新刚，李中凯主编. -- 兰州 : 甘肃科学技术出版社，2024.1
ISBN 978-7-5424-3171-4

Ⅰ. ①医… Ⅱ. ①张… ②韦… ③李… Ⅲ. ①医院－医疗保险－物价管理－中国 Ⅳ. ①F842.684

中国国家版本馆CIP数据核字(2024)第004955号

医院医疗保险价格管理概论

张树海　韦新刚　李中凯　主编

责任编辑　陈学祥
封面设计　麦朵设计

出　版　甘肃科学技术出版社
社　址　兰州市城关区曹家巷1号　730030
电　话　0931-2131572(编辑部)　0931-8773237(发行部)

发　行　甘肃科学技术出版社　　印　刷　兰州新华印刷厂
开　本　880毫米×1230毫米　1/32　印　张　7.625　插　页　2　字　数　152千
版　次　2024年2月第1版
印　次　2024年2月第1次印刷
印　数　1~7000
书　号　ISBN 978-7-5424-3171-4　　定　价　70.00元

《医院医疗保险价格管理概论》
编写委员会

主任委员

韩全意　中国医院协会医保专委会常务副主委兼秘书长

副主任委员

骆慧云　华中科技大学附属协和深圳医院医保科科长

常海英　解放军空军特色医学中心医保办主任

张树海　兰州大学第一医院纪委副书记、监察处处长

李中凯　新疆维吾尔医学专科学校医疗系党总支书记

韦新刚　陕西省人民医院医保处副处长

主　审　韩全意

主　编　张树海　韦新刚　李中凯

副主编　周　婕　任　艳　孔　莉　吴　玲　尤　倩
　　　　　董金梅　杨素芬　蒙　静　邱　佳　张　博

编　委（排名不分先后）

戴艳红　河北省唐山市第二医院总会计师

周　婕　安徽省合肥市第一人民医院总会计师

任　艳　河北省唐山市第二医院经营办主任

吴凤琴 　浙江省肿瘤医院医保部主任
唐诗玲 　河北省沧州市中心医院医保处处长
张晓岚 　甘肃省中医医院医保处处长
峇卫敏 　河北医科大学附属燕达医院医保物价办主任
孔　莉 　大连医科大学第二附属医院医保物价办主任
杨素芬 　广西北海市合浦县人民医院医保物价办主任
朱小希 　陕西省西安市红十字会医院财务部部长
张　敏 　陕西省西安市人民医院医保物价办主任
徐艳茹 　内蒙古乌兰浩特市人民医院医保物价办主任
刘桂芹 　中国医院医保专委会办公室主任
董金梅 　安徽省天长市人民医院医保办主任
张庆红 　江苏省鼓楼医院医保处处长
朱晓舟 　江苏省脑科医院医保物价办主任
吕传爱 　山东省肿瘤医院医保物价办主任
刘建忠 　内蒙古自治区肿瘤医院医保部主任
吕凌玲 　河北医科大学第二医院医保处物价科科长
冷　艳 　山西省人民医院医保办主任
吴　玲 　重庆医科大学附属第二医院医保办主任
邱　佳 　四川省什邡市人民医院医保物价办主任
蒙　静 　通用三〇〇医院医保物价科科长
尤　倩 　河北省廊坊市人民医院医保办主任
张　博 　中国医院医保专委会培训部副主任

序

2021 年 8 月 25 日，国家医疗保障局等八部门联合印发《深化医疗服务价格改革试点方案》的通知；2022 年 7 月 11 日，国家医疗保障局办公室印发了《关于进一步做好医疗服务价格管理工作》的通知。两个文件改革目标要求通过 3 至 5 年的试点，探索形成可复制可推广的医疗服务价格改革经验。

做好医疗服务价格改革工作，是医院医保行业的责任和义务。因为，随着医药卫生体制改革不断深化，医保管理的职能越发凸显。党的二十大报告中指出："促进医保、医疗、医药协同发展和治理。"把医保放在"三医"的首位。近年来，大部分省市医院都将医保办公室和物价办公室合并为医保物价办公室，医院医保管理重点开始向医疗服务价格改革转变，既要管好医保，又要管好价格，铁肩当道义，责任重如山。

而现实情况是在医院负责医疗服务价格的同志，极度缺乏价格学原理和价格管理的专业知识，工作中都是上面怎么说，我就怎么干，缺少政策解读专业知识、分析问题、实践操作等技能。这种普遍现象与国家医疗服务价格改革文件的要求极不相符。为此，我们以医保战略全局、医保战略发展为目标，自 2021 年 9 月成立编写小组，策划编写大纲，分配编写任务，历时近两年时间完成本书编写任务。

通观全书，有以下几个特点：

一是体系完整，内容丰富。全书共八章，既有最新价格理论知识，又有医疗服务价格管理实践经验；既有各地情况介绍，又有最新政策说明；既有医疗服务价格历史回顾，又有医疗服务价格申报的新思路。信息量十分丰富。

二是结合实际工作，操作性强。本书不仅对医疗服务价格管理现状做了客观描述，而且对存在的问题及原因进行了比较透彻地分析，提出了相应的对策建议；不仅对现行价格法律法规和政策分门别类地进行了阐述，并且对未来价格管理、医保飞行大检查也做出了展望，具有很强的实践意义。因此，本书既是医院医疗服务价格工作者的工具书，也是关心、研究医疗服务价格问题的同志不可多得的参考资料。

三是语言简洁，通俗易懂。参加本书编写的都是医院从事医保、价格实际工作的同志，对医疗服务价格管理工作非常熟悉，对现存的实际问题和政策内容表述确切到位，讲真话，说实情，谈体会，具有很强的可读性，对胜任医院医保从业人员价格管理岗位有很大帮助，旨在掌握知识，胜任工作，充分发挥医疗服务价格的杠杆作用。

借此机会，对所有参加编写的同志，关心、支持医疗服务价格改革的专家、学者，热心医疗服务价格管理的社会各界朋友表示衷心的感谢！

韩全意

2023 年 5 月

目 录

第一章　概述 ……………………………………………… （001）

　　第一节　价格的本质和特点 ……………………… （001）

　　第二节　价格的职能和作用 ……………………… （009）

　　第三节　价格机制 ………………………………… （015）

　　第四节　价格形成主体与方式 …………………… （017）

第二章　政府价格管理 …………………………………… （021）

　　第一节　价格管理的基本问题 …………………… （021）

　　第二节　价格管理的原则 ………………………… （025）

　　第三节　价格管理的手段 ………………………… （027）

　　第四节　政府价格决策 …………………………… （029）

第三章　医疗服务价格管理 ……………………………… （033）

　　第一节　医疗服务价格概述 ……………………… （033）

　　第二节　医疗服务价格管理的原则 ……………… （045）

　　第三节　医疗服务价格管理措施 ………………… （047）

　　第四节　医疗服务价格管理机制 ………………… （056）

第四章　医疗服务收费管理 ……………………………… （062）

　　第一节　医疗收费改革历程 ……………………… （062）

第二节　全国医疗服务价格项目规范 ……………… （066）

第三节　医保飞行检查中查处的收费问题 …………… （078）

第四节　医院完善医疗服务收费的措施 ……………… （096）

第五章　医疗服务项目价格申报 ………………………（100）

第一节　项目价格申报的原则和程序 ……………… （100）

第二节　项目价格申报的成本测算 ………………… （104）

第三节　项目价格申报的策略 ……………………… （110）

第四节　项目价格申报的流程 ……………………… （116）

第五节　医疗改革过程中申报项目价格的新思路 …… （131）

第六章　价格法律制度 …………………………………（135）

第一节　我国的价格法律体系 ……………………… （135）

第二节　《价格法》的立法宗旨 ……………………… （137）

第三节　《价格法》的地位、作用和适用范围 ………… （139）

第四节　《价格法》的主要内容 ……………………… （142）

第七章　价格监督与检查 ………………………………（145）

第一节　价格监督检查机构 ………………………… （145）

第二节　价格监督检查的种类 ……………………… （147）

第三节　价格监督检查的任务和方法 ……………… （150）

第四节　价格行政处罚、复议和诉讼 ……………… （153）

第八章　医院服务价格精细化管理与实操 ……………（166）

第一节　医院服务价格精细化管理概述 …………… （166）

第二节　医院价格管理组织结构设计 ……………… （172）

第三节　医院价格管理制度流程设计 ……………… （178）

第四节　医院价格实施督查与考核 …………………（196）

第五节　医院服务价格管理信息化建设 …………（199）

主要参考文献 ……………………………………………（206）

附录 …………………………………………………（208）

附录一　《中华人民共和国价格法》………………（208）

附录二　《深化医疗服务价格改革试点方案》

（医保发〔2021〕)41 号）………………（218）

附录三　常见医疗服务价格项目收费问题

内涵释疑（安徽）………………………（226）

第一章 概 述

价格改革在整个经济体制改革中是一个核心内容。因为中国经济体制改革的目标是建立社会主义市场经济体制。既要发挥市场对资源配置的决定作用，还要发挥政府的指导作用，而价格是最有效的调节手段。目前我国基本完成了由高度集中的以政府定价为主的价格形成机制向以市场形成价格为主的机制转换，在这一转换过程中，我国经济完成了由计划经济向市场经济的转变，由封闭经济向开放经济的转变。

第一节 价格的本质和特点

"价格"这个概念对现代社会的每个人来说并不陌生，那是人们天天要与之打交道的一种经济现象。从现象看价格是人们购买商品或劳务时支付的一定货币额，或者说价格就是一件商品值多少钱。

一、价格的起源

价格属于商品经济的范畴，但它不是与商品同时出现的，而是在商品经济漫长的发展过程中，随着价值形成的发展、货币的产生而产生的。这个过程大致经历了四个阶段，表现为四种价值形式。

（一）简单的价值形式

在原始社会末期，生产力的发展导致剩余产品的出现，于是部落之间出现了个别的偶然的商品交换。这种交换是以物易物的直接交换，一种商品的价值直接从另一种商品的使用价值来表现，这种价值的表现形式叫作简单的、偶然的价值形式。如图1-1所示。

图1-1   简单的价值形式

在图中，羊处于相对价值形式上，它通过和稻谷的交换，把自己的价值通过稻谷的使用价值表现出来，稻谷则成了表现羊的价值的材料，充当等价物，处于等价形式上。

（二）扩大的价值形式

随着生产力的发展，用于交换的产品不断增多。交换的范围不断扩大，一种商品不仅仅用来换一种东西，而是用来换其他东西，这样，一种商品的价值不再是偶然的表现在另一种商品上，而是表现在多种商品上，这种价值形式称为扩大的价值形式。如图1-2所示。

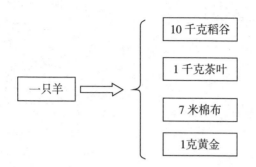

图 1-2 扩大的价值形成

从图中可以看出，羊的价值可以同时表现在一系列商品上，显示出羊的价值的客观性。

但这种价值形式还没有反映为大家公认的等价物。因而在实际交换活动中，由于交换双方需求物资的差异性，一次交换往往要经过迂回曲折的过程才能实现，这种矛盾随着商品经济的发展而不断加剧。

（三）一般价值形式

随着商品交换的发展，人们为了顺利实现换取自己所需商品的愿望，就到市场上先把自己的商品换成一种经常出现并为大家普遍乐于接受的商品。然后用这种商品去换取自己需要的商品。这种能被人们乐于接受的商品就成了特殊商品，它从普通商品中分离出来，充当一切商品的一般等价物，一切商品的价值就共同表现在充当一般等价物的商品上，这时，扩大的价值形式就过渡到了一般价值形式。其形式如图 1-3 所示。

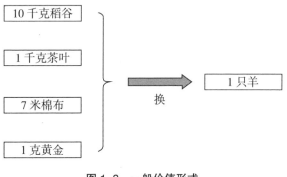

图1-3　一般价值形式

（四）货币的价值形式

历史上充当一般等价物的商品在不同地区不同时期是不同的，牲畜、贝壳、珍珠、布帛、铜等都充当过一般等价物，在商品交换不断发展的过程中，充当一般价值物的商品经过长期的选择集中到了黄金和白银身上，货币由此产生了。这时，一般价值形式就过渡到了货币价值形式。

当一切商品的价值都用金银及货币来表现时就称为价格。可见，商品价格是商品经济发展到一定阶段的产物，是价值形式长期发展演变的结果。

二、价格的本质

从价格的起源可以看出，价格不过是商品价值的货币表现。正如马克思所说，"价格是价值的货币表现。"这句话清楚地揭示了价格的本质，同时也揭示了价格、价值、货币三者之间的关系。其中价值是实体、是内容；货币是度量价值的尺度；价格是度量出来的结果，是价值的表现形式。从价格的本质关系中可以得出三个结论。

第一，价值是决定价格的依据，是价格形成的基础。从价格的起源我们可以看出，价格是商品交换表现形式，决定商品交换大小的是包括在商品之中的人类一般劳动量——价值量的多少。因而，价值是决定价格内在的、基础性的因素。

第二，价格不仅受到商品价值的影响，而且受到货币价值的影响。商品价格与价值成正比，与货币价值成反比。

第三，价格是价值的表现形式，两者之间是形式与内容、现象与本质的关系。价格应当正确地反映价值，但由于商品交换过程会受到供求等各种因素的影响，因而造成价格不能正确地反映商品价值。这种背离虽然经常出现，但价值决定价格这一规律又总是不断把价格拉向反面，使价格围绕价值上下波动。因而，从长期的趋势来看，价格又总是趋近于价值。

三、价格的特征

价格的特征是指价格本身所具有的特征和习性，它是由价格本质决定的。了解价格的特性，有利于我们全面认识价格问题，正确运用价格工具。

（一）同一性

价格的同一性也称一物一价法则，是指同一种商品的价格在同一时间、同一市场上必然趋于同一的特性。这是因为，决定价格的价值在同一时间、同一市场是同一的。也就是说，对于同一商品，不论各个生产者、经营者的劳动耗费有何不同，决定价值的标准——社会必要劳动耗费只有一个，这种价值的同一性必然表现为价格的同一性。当然，价格的同一性并不排斥企业执行差别价格策略。

（二）运动性

价格的运动性是指价格是运动和变化着的。在市场交换活动中，买卖商品的价格时涨时跌，起伏不定，不断变化的过程就是价格运动。价格之所以有运动性，是因为价格形成的基础——价值，以及影响价格形成的因素，如货币价值、供求关系、税收、货币政策等是不断变化的。由于众多的因素从不同角度直接或间接地影响价格，推动价格运动，从而使价格成为市场经济条件下一个非常灵敏、易变的经济元素，并能够综合反映整个国民经济的运行状况。

（三）相关性

价格的相关性是指各种商品价格之间相互衔接、相互联系的特性。国民经济各部门、各地区、各环节的经济活动是紧密联系的，作为经济活动的连接者，各种商品的价格之间必然也是紧密联系的。一个部门、一个地区、一个流通环节的价格变动，往往促使其他价格的变动，这正是价格相关性带来的连锁反应。

（四）综合反映性

价格的综合反映性是指价格的形成和变动综合地反映了国民经济状况的特性。这是因为价格形成和变动除了由价值决定外，还受多种因素的影响，如货币价值、供求关系、货币政策、税收等会从不同角度直接或间接地影响价格，从而使价格能够综合反映整个国民经济的状况。

（五）分配性

价格的分配性是指价格的变动使参与商品交换各方的经济利益此消彼长的特性。这是因为，在商品经济条件下，经济利益的分配基本上是通过货币收入的分配实现的，在国民收入总额既定的情况下，由于价格的变动，会使一些人在交换中支付较少的货币而买到较多的商品。另一些人则卖出相同数量的商品而获得较少的货币收入。价格的变动虽然没有改变国民收入总量，却改变了国民收入在商品交换者之间的分配结构，从而使交换各方的经济利益此消彼长。

四、价格的分类

（一）产品价格和生产要素价格

根据商品交易的范围和交易过程中的不同特点，价格可以分为产品价格和生产要素价格。

产品价格：产品价格是指生产部门生产出产品进行销售时的价格。包括有形产品价格和无形产品价格。

生产要素价格：生产要素价格是指生产中所使用的各种要素的价格。工业社会生产所需要的主要生产要素有劳动、资本、土地、企业家才能等四个，因此分别形成了劳动力价格、资本价格、土地价格和企业家才能价格。进入知识经济时代，生产要素有所扩展，增加了技术和信息，由此形成了技术价格和信息价格。

（二）买价、卖价和成交价

根据买卖双方的不同立场价格可以分为买价、卖价和成交价。

买价：买价是指购买者购买商品时愿意支付的价格，从实际购买过程来看，消费者购买商品愿意支付的价格是一个区间，在这个区间的最高值以下，购买者都愿意支付。

卖价：卖价是指销售者出售商品时愿意接受的价格，它同样是一个区间，在这个区间的最低值以上，销售者才愿意出售商品。

成交价：成交价是购买者与销售者交易达成时的价格，它既是购买者购买商品愿意支付的价格，也是销售者出售商品愿意接受的价格。

（三）出厂价、收购价、批发价和零售价

根据商品流转的顺序，价格可分为工业品出厂价、农产品收购价、工农业品批发价和工农业品零售价。

工业品出厂价：工业品出厂价是工业品生产企业向商业及其他企业单位销售工业品的价格。

农产品收购价：农产品收购价是商业及其他企业向农业生产者收购农产品的价格，也就是农业生产者向商业及其他企业出售农产品的价格。

出厂价和收购价都属于生产者价格。

批发价：批发价是商业批发企业向零售企业或其他企业单位、个人大批量出售商品的价格。

零售价：零售价是零售企业向消费者出售商品的价格。

批发价和零售价都属于经营者价格。

第二节 价格的职能和作用

价格的职能是指价格内在所具备的功能。它是由价格本质决定的，是在形成价格时就已内含的，因而，价格的职能是客观的，它不随人们意志而改变，也不随价格所处的社会制度和条件而变化。全面认识价格职能及其相互关系，有助于对价格本质进行理解，有利于正确认识价格的作用。

一、价格的职能

对价格职能的认识，理论界有不同看法。一般认为价格表现商品价值的职能是最基本的职能。

（一）表现商品价值的职能

价格表现商品价值的职能简称表价职能。价格的表价职能是指价格可以用来表现商品价值的一种功能，也就是指用一定量的货币来表现商品价值量时的一种度量标记。价格的这一职能以货币作为商品交换中的一般等价物为前提。在金属货币流通的条件下，用金属重量来表示价格，如几两、几钱、几毫等；在货币流通条件下，则用纸币符号来表示价格，如几元、几角、几分等。表价职能的基本要求是使价格尽量正确地反映商品内在的价值量，因而，它也是价格最基本的一种职能。

（二）调节经济的职能

调节经济的职能，是指价格对各种经济活动，包括社会再生产各个环节的活动实现调节的一种功能。借助这种调节功能可以启动或抑制经济发展的某个方面。因而，通常把这种功能称为经济杠杆。在各种经济杠杆中，价格是最灵敏、最有效的杠杆之一。价格的这种职能也是建立在表价职能基础上的，并通过价格与价值的一致与偏离来实现的。

（三）传递经济信息的职能

价格传递经济信息的职能，是指价格作为一种信息载体能反映、传递经济信息的一种功能。价格的这种功能是建立在价格的表价职能基础上的，是通过价格与价值的一致或背离，以及背离的方式和程度来起作用的。

价格所传导的经济信息是多方面的，但归纳起来可以分为宏观经济信息和微观经济信息两个层次。从宏观经济信息来看，价格首先反映社会商品总供给和总需求平衡的状态和程度，这里指的价格不是指某种商品的价格，而是指一定时期内价格的总水平。因此说价格是国民经济的晴雨表。传导微观经济信息主要是指单个商品的价格。在现代市场经济条件中，除少数重要商品和劳务价格由国家管制外，大多数商品和劳务价格由市场调节。在这种体制下，企业生产什么、生产多少是根据市场需求来决定，而这种需求信息则主要通过价格来反映和传导。

（四）经济核算的职能

价格的核算职能，是指价格是被用来计量社会经济活动效果的一种工具。价格的核算职能也是建立在表价职能基础上的，为了使核算结果尽可能反映商品实际包含的劳动量，要求价格能尽量准确地反映价值。

二、价格的作用

在市场经济中，价格的作用发生在经济活动的各个方面，凡是存在价格的领域，就会有价格作用的发生。

（一）价格对生产的调节作用

对生产来说，价格发挥着指挥者的作用。因为生产什么，如何生产，生产多少都根据价格来确定。其指挥者作用表现如下：

一是调节产业结构和生产比例。社会上存在着许许多多的产业部门，各部门之间，客观上要求有一定的比例关系，这种比例关系由社会需要来决定。所以，价格是使产业结构和生产比例合理化的重要杠杆。

二是有利于提高产品质量。商品的价值是由生产这些商品时所花费的社会必要劳动时间决定的，一般精料细做的商品质量好，价格主管部门通过实现优质优价的政策，可以使优质商品卖到好价钱，得到较大的盈利。

三是促进企业不断改进经营管理，提高经济效益。在人人平等的规则下，价格不断起着鞭策企业改进经营管理、努力降低成本的作用。

四是促进生产的合理布局，在同一市场、同一价格原则指导下，价格能起到优化社会产业结构、充分利用资源的作用。

（二）价格对商品流通的调节作用

对流通来说，价格发挥着调节者的作用，因为价格的高低会影响流通的规模和速度，以及流通企业的经济效益。所谓流通规模，是指一定时期实现的商品销售量；流通速度是指商品周转的快慢程度。

（三）价格对分配的调节作用

对分配来说，价格发挥着支配者的作用，因为价格也是收入分配的手段。国民收入由社会各部门创造出来以后，先由国家通过税收、利润、工资等杠杆在国家、企业、工人、农民之间进行初次分配，然后又通过各种预算渠道进行再分配。在国民收入的分配和再分配过程中，价格都参与了这些分配过程。

（四）价格对消费的调节作用

对消费来说，价格发挥着指导者的作用。因为价格的高低变化引导着消费者的需求变动。价格对消费的调节主要体现在对消费总量和消费层次结构的调节上。前者主要通过价格总水平的变动来实现。后者则通过具体商品价格的变动来实现。

三、价格的特点

在现代市场经济中，价格形成和运动的特点取决于市场经济的特征。这些特征决定了现代市场经济中价格形成和运动具有以下三个方面的特点：

（一）价格形成具有市场形成价格和政府制定价格相结合的特点

市场经济以市场机制为核心，而市场机制的作用要通过价格表现出来。因此，在市场经济中形成了在国家宏观调控下主要由市场决定价格的机制，即绝大多数商品由市场形成价格，少数商品实行政府定价的价格形成机制。

（二）价格决策具有分散性和集中性相结合的特点

在市场经济中，市场经济的内在要求使广大的分散的企业、消费者成为市场主体，拥有相对独立的经营自主权，从而成为价格决策主体。有多少市场主体也就有多少决策主体，价格决策也就具有了分散性。价格的集中性是从宏观经济利益出发，为了维护正常的价格秩序、规范价格行为、价格方针、政策及法规都由国家来进行决策，同时对关系国计民生的少数商品价格实行政府集中定价。

（三）价格具有波动性和相对稳定性相结合的特点

市场的不稳定性决定了价格在现实经济中的波动性。正常的波动是价格运动的自我表现，也是价格发挥作用的前提。价格长期地固定不变，不利于经济社会的发展，而剧烈地价格波动也不利于经济社会的发展。实践证明，保持价格的相对稳定是经济良性发展的重要前提，它已成为世界各国调控市场价格的目标。

四、价格的条件

价格能发挥什么样的作用与客观环境和条件有密切的关系。要使价格发挥积极作用，还必须具备一些必要条件，这些条件主要是：

市场主体的独立性和行为理性规范。

所谓市场主体的独立性是指进入市场的各市场主体，不论是生产经营者还是消费者，必须是能够进行自主决策、自负盈亏的经济实体。

所谓市场主体行为理性规范是指市场主体在追求经济利益最大化目标的过程中，独立做出的一系列符合市场行为规范的选择，它是在市场信息充分、真实，市场主体知识完备、能够正确运用相关信息，并进行成本收益分析基础上做出的选择。

第三节　价格机制

价格机制是市场机制的核心。市场机制由价格机制、供求机制、竞争机制等机制构成。供求、竞争等机制都对价格的形成和变化产生影响，而价格机制又对供求、竞争等机制产生推动作用。虽然各机制在市场机制中有各自的地位和作用，但是它们之间相互联系、相互制约的关系及其产生的作用，最后都通过价格表现出来。因而，市场机制要发挥作用，必须通过价格机制来实现，价格机制成为市场机制的核心。

一、价格机制的含义

价格机制是指价格形成及其运行的内在规律，以及人们运用其规律管理价格、调节社会经济活动的过程与形式。价格机制是市场机制的主体内容，主要包括：价格形成的方式及影响价格形成的因素；价格形式的采用和各种形式之间的关系；价格体系、价格结构与价格总水平的互动；市场价格的制定、调整和管理以及各种管理手段的相互联系；价格与其他经济杠杆的联系以及对社会经济活动的调节等。

二、价格形成机制

价格形成机制就是指价格决定机制，即商品价格以及价格体系的形成、变化的基本原理。具体来看，价格形成机制主要指在商品价格形成过程中，具有直接定价权、间接定价权或价格干预权的政府、经济组织、企业、公民及司法机构的相互关系，其主要内容和核心是价格由谁决定，即价格由政府部门决定还是由生产经营者自主决定。

三、价格运行机制

价格运行机制主要是指价格在运动过程中与其他经济要素相联系，对市场和经济运行发挥调节作用的机制。具体来看，在市场运行中，价格的变动会引起供求关系的变化，同时供求关系的变化又会影响价格的变动。当某种商品供不应求时，价格上涨，企业利润增加，供过于求时，价格下跌，企业利润减少，如此往复就是市场价格运行的基本机制。

四、价格约束机制

价格约束机制是指规范价格合理形成和有序运行并发生作用的机制，其作用对象是全部商品价格以及行为主体。价格约束机制主要包括：

第一，法律约束。通过经济立法及其强制功能，使价格行为有法可依，有章可循，从而实现良好的市场秩序和价格秩序。

第二，经济秩序。即通过运用经济手段，如财政补贴、税收政策、调节资金、物资储备及相应的经济惩罚措施等，引导、鼓励或限制相关价格行为或价格行为方向。

第三，行政约束。即运用行政手段和行政权力对价格行为主体的价格行为直接进行管理、监督、检查，对价格违法行为进行处罚等。

五、价格调控机制

价格调控机制是指政府为保证价格体制的有效运转，对价格运行进行间接调控而建立的组织原则、方式、方法及相关的各种措施，其作用对象是极少数重要商品价格和价格总水平。

第四节 价格形成主体与方式

价格形成的直接主体是指直接参与市场活动的商品供给者（卖方）、商品需求者（买方），具体包括居民、企业、中介机构、事业单位、政府等，其中企业和居民是市场经济中最有活力的市场主体和价格形成直接主体。

一、价格形成的主体

在市场经济条件下，市场活动就是经济利益各自独立的市场主体之间的交易活动。当然，这种活动在一定程度上受到政府的宏观调控。所以，市场主体是由市场活动的参与者和调控者组成的，而市场主体就是价格形成的主体，具体可分为直接主体和间接主体两种。

（一）价格形成的直接主体

价格形成的直接主体是指直接参与市场活动的商品生产经营者和商品需求者或消费者。其中商品生产经营者，也就是商品的出售者或所有者，既包括企业，也包括个人，还包括行政事业单位、军队乃至政府（当政府对某些商品直接进行定价和以商品购买者的身份出现在市场活动中时，也是价格形成的直接主体的组成部分）。其中，企业和个人无论是作为商品的出售者还是作为商品的购买者都是价格形成中最具活力的主体，是价格形成的直接主体的主要部分。

（二）价格形成的间接主体

价格形成的间接主体是指市场活动的调节者——政府。为了保证市场活动的有序进行和市场体制的有效运转，政府对市场活动的宏观调控必不可少。因此，当政府作为市场活动的调控者时，就成为价格形成的间接主体，影响价格形成。

二、价格形成的方式

与价格形成的主体相对应的是价格形成的方式，即价格由谁来定。《中华人民共和国价格法》（以下简称《价格法》）明确规定，我国有市场调节价、政府定价和政府指导价三种价格方式，这三种价格方式就是我国市场经济条件下价格形成的方式。

（一）市场形成价格——市场调节价

市场形成价格是指商品的价格直接在市场交换中由买卖双方协商决定。这是社会主义市场经济体制下价格形成的主要方式。改革的实践证明，市场调节价较政府定价更能有效地配置资源，已经成为目前我国价格形成的主要方式。

（二）政府制定价格——政府定价

政府制定价格是指某些商品价格由政府（包括中央政府和地方政府）直接制定，而商品的生产经营者只能执行，购买者只能接受，买卖双方没有协商变动的权利。如水、电、气、电话、通讯、交通运输等公共物品和公用事业收费以及某些生产资料价格和农产品收购价格。

（三）政府与企业共同定价——政府指导价

政府与企业共同定价，是指某些商品价格由政府和生产经营者共同确定的价格形成方式。其主要表现是政府指导价，即政府价格主管部门对某些商品规定基准价及浮动幅度，具体价格水平则由生产经营者在规定的最高或最低价格标准范围内自行决定。此外，政府对少数商品规定最高限价、最低限价以及控制作价差率、费率、利润率也是政府指导价的形式。这种价格形式在我国现行价格形式中所占比重最小。

价格不过是商品价值的货币表现。价值是实体、是内容；货币是度量价值的尺度；价格是度量出来的结果，是价值的表现形式。从价值与价格的本质关系中可以得出三个结论：第一，价值是决定价格的依据，是价格形成的基础；第二，价格不仅受到商品价值的影响，而且受到货币价值的影响；第三，价格是价值的表现形式，两者之间是形式与内容、现象与本质的关系。

第二章　政府价格管理

现代市场经济并不是完全自由放任的市场经济，而是受到国家适度干预和调控的市场经济。政府适度干预和调节经济活动的职能源于"市场失灵"，价格管理则是政府适度干预和调节经济活动的具体表现。政府对价格的管理并非替代价格机制的作用，而是弥补其不足或缺陷，使之能更有效地发挥作用。

第一节　价格管理的基本问题

在社会主义市场经济体制中，价格在资源配置中具有重要的作用。但在市场配置资源中还存在失灵的一些情况，如垄断、公共物品、外部性和信息不完全等，就需要国家对价格进行相应的管理。

一、价格管理的界定

这里的价格管理是指政府对价格的运行偏离价格本性的规制和对价格总水平的调控。价格管理不仅仅是单个经济单位为追求利润的最大化而进行的价格管理。对于企业来说，价格是一种极为重要的竞争武器，因而也是一种极为重要的营销手段。价格管理的目的在于确定适合于企业目标的最优价格或定价策略，并予以实施。在这里讲的价格管理是政府行为，而不是企业行为。由于价格在运行中可能出现的问题存在于微观和宏观两个方面，因而价格管理也包括微观规制和宏观调控两个方面。

二、政府价格管理的任务

在社会主义市场经济条件下，政府对价格管理的任务主要有以下几个方面：

（一）明确价格形成机制目标，完善价格管理体制

根据社会主义市场经济的要求，建立与之相适应的价格形成机制目标模式和价格管理体制是政府价格管理的重要任务。价格形成机制的目标模式是：国家宏观调控下主要由市场决定价格的机制，形成大多数商品和服务价格实行市场定价，极少数商品和服务价格实行政府管制定价的基本格局。建立和不断完善与之相匹配的价格管理体制，明确政府价格管理机制、价格管理原则、价格管理方式、价格管理手段、政府定价行为、企业定价行为以及价格水平调控和价格行为监管等问题，为更好地发挥政府对价格的作用提供制度保证。

（二）规范价格行为，创造良好的价格运行秩序和环境

在市场经济中，规范的价格行为，平等、有序和充分竞争的价格运行秩序和环境，是充分发挥价格机制积极作用的基本前提，也是政府价格管理者行为、价格制定者与接受者行为。规范价格运行秩序和环境，则是对影响合理价格形成的种种因素和行为进行限制、惩戒和纠正。在规范市场价格方面，有反价格以及市场垄断行为，反不正当价格行为、反价格歧视、价格欺诈、哄抬价格、变相涨价等行为。

（三）调控价格总水平，科学制定政府管制定价

对市场价格总水平进行调控，并使之保持相对稳定是市场经济下国家重要的宏观经济政策目标，是政府价格管理的主要内容。调控价格总水平使之保持相对稳定，为经济增长创造良好的宏观环境，已成为政府价格管理的重要任务。

（四）运用信息系统，及时发布价格信息

当前，运用全国价格信息系统及时发布价格法规、政策以及主要商品市场价格信息，有利于提高政府价格管理的透明度、接受社会监督，为生产经营者和消费者决策提供服务，引导市场主体定价行为，这也是政府价格管理的必要任务。

三、价格管理的特征

在市场经济条件下，政府对市场价格进行管理，一般具有以下特征。

（一）规范性

这是政府管理价格的基本原则和要求。政府对市场价格的管理行为不可具有随机性和随意性，必须逐步实现法制化、制度化。即政府对市场价格管理是受法律法规和相关制度约束的，就是说，是有法可依、有章可循、依法行事的。

（二）综合性

综合性是价格管理与整个经济的宏观管理有机地融为一体。具体表现在两个方面：

第一，一定的价格管理体制与整个经济的宏观经济管理体制相统一。经济过热时，各种价格持续上涨，容易形成通货膨胀。这时需要政府干预，紧缩货币供给，达到宏观调控的目的。反之，经济衰退时，商品价格持续下滑，这时，政府会采取扩大货币供给，促进就业和经济复苏，达到宏观调控的目标。

第二，作为价格管理重要目标之一的价格总水平稳定，也是政府宏观调控的基本目标。我国宏观调控的基本目标是实现充分就业、价格稳定、经济持续健康发展。

（三）间接性

间接性指政府对价格管理，一方面表现为政府原则上一般不限制企业自主定价；另一方面表现为政府管理价格方式手段的多样化、间接性，运用各种社会经济政策间接地调控市场价格运行。

（四）总量性

总量性指以管理价格总量（即价格总水平）为中心，进行调控。之所以如此，是市场体制完善的内在要求与管理本身日趋综合性的必然结果。这种总量性不仅体现为管理目标的总量化，而且表现为管理方式内容侧重于总量调节。

四、我国现行价格管理体制

我国在价格管理上实行统一领导、分级管理。国务院对全国价格管理进行统一领导，具体价格职能管理工作由国家发改委负责；国务院各业务主管部门、地方各级人民政府价格主管部门，按照职责分工，承担相应的价格管理职能。

第二节　价格管理的原则

在社会主义市场经济下，政府价格管理以保证价格机制合理运行、发挥价格合理配置资源的作用为基本原则。正确处理中央集权与地方分权、国家决策与企业决策、直接与间接控制等方面的关系，调动各方面的积极性。具体原则是：

一、统一领导、分级管理的原则

统一领导就是凡属全国性的价格方针、政策、法令，以及关系国计民生的少数重要商品和服务价格的制定和调整，均由国务院及国家发改委综合平衡，统筹安排。

分级管理就是各级地方政府及价格主管部门、业务主管部门，结合本地区实际情况贯彻落实国家的价格方针、政策、法令，做好本地区的价格调控和管理工作，并按照价格管理权限的划分，对某些重要的商品和服务价格进行因地制宜的管理，促进本地区经济社会的发展。

二、间接管理为主和直接管理为辅相结合的原则

对于大部分商品和服务价格主要依靠市场调节，政府的主要职责是运用经济手段、法律手段进行规范、调节，从而实现对价格的间接管理。同时，也对少数不宜实行市场定价的商品和服务价格进行直接管理，实行政府管制定价。可见，实行以间接管理为主、直接管理为辅相结合的原则是经济社会发展的必然要求。

三、保护公平合理竞争、禁止垄断原则

维持正常价格秩序，创造公平有序的市场竞争环境，

是价格管理的重要原则。政府应保护生产经营者开展正当竞争，实行等价交换、公平交易，坚决打击价格欺诈、价格垄断和牟取暴利等不正当价格竞争行为。只有保护合理竞争才能达到鼓励先进，鞭策落后，优胜劣汰，提高经济效益的目的。

四、保护社会整体利益，维护生产经营者和消费者合法利益的原则

国家对价格的管理，一方面要有利于社会资源的有效配置、保护国民经济的平稳运行，促进整个社会的福利增长；另一方面通过相关法律法规和制度明确生产者、经营者和消费者在价格竞争中的权利和义务，保证他们在市场竞争中应获得合理合法利益，增强市场主体的自我积累、自我发展和自我约束的能力，为社会创造更多的财富。

第三节 价格管理的手段

政府对价格的管理需要借助一定的管理手段，在市场经济体制中对价格的管理手段包括政策手段、行政手段、经济手段、法律手段和信息手段五种。分析这些管理手段的性质、特点和功能，能够正确地认识和理解政府的价格方针政策，做好价格管理工作。

一、价格管理的政策手段

价格政策是指国家或政府运用价格杠杆调整各阶层、各部门、各地区、各企业之间经济利益的一些原则规定，实施相应的价格政策是根据社会主义基本经济规律以及各个历史时期党和政府的路线、方针的要求制定的，是经济政策，特别是分配政策的一个重要组成部分。

二、价格管理的行政手段

价格管理的行政手段是指各级政府及其价格主管部门、各部门的价格管理机构依法采用行政强制的方式来直接管理价格和协调各种价格关系所使用的措施、方法和管理制度的总称。具体包括行政法规、行政措施、行政监督和行政处罚等一系列行政管理方式和管理制度。

三、价格管理的经济手段

价格管理的经济手段是指政府为影响价格的形成和控制价格的变动而采取的一系列配套的经济政策和经济措施。包括国家为了影响和控制价格总水平，采取微观经济政策来调节其供给和需求；以及通过国有工商业，掌握必要的物力财力等经济资源，积极参与市场的吞吐调剂和平抑物价。

四、价格管理的法律手段

价格管理的法律手段是指政府通过制定价格法律和法规的形式来规范价格决策主体的权利和义务、价格制定与调整的依据和程序、价格管理的形式和办法、价格监督与检查以及违法行为的处理与制裁等价格行为。新的经济秩序需要立法来维持。同样，社会主义市场经济体制下的新价格体制也需要立法来保证。

五、价格管理的信息手段

价格管理的信息手段是指政府在价格管理工作中为了更好地制定价格政策、调整价格水平、指导价格行为、协调价格关系、提高价格管理水平和价格决策科学化程度，所运用的价格变动的信号、价格情报资料及使用的办法。应用价格信息是进行价格管理科学决策的必要手段。

第四节 政府价格决策

价格决策是政府实施价格管理的关键环节。政府价格决策制度是价格管理制度的核心内容。在价格管理实践中，各级价格主管部门在规范市场主体价格的同时，也加大了规范政府价格决策行为的力度，制定了一系列规范政府价格决策行为的制度，使政府价格决策日益科学、民主、规范、公正。

一、政府定价目录

政府定价目录是中央和地方政府价格管理的重要法律依据，是根据《价格法》制定的规范政府的定价权限、定价范围、定价方式和定价内容等的依据。《价格法》第十九条规定"政府指导价、政府定价的定价权限和具体适用范围，以中央的和地方的定价目录为依据"，即明确了要以定价目录来确定政府指导价和政府定价的制定权限及范围。政府定价目录是我国价格工作"统一领导、分级管理"的价格管理体制的具体体现，也是各级价格主管部门定价权限的制度规范。

二、政府定价的基本原则

制定政府定价目录，是政府依法行使价格监管权力的重要内容。必须遵循以下基本原则：

（一）鼓励竞争原则

凡是已经形成有效竞争、能够在市场竞争中形成的商品和服务价格，原则上都要放开，实行市场调节，以充分发挥使市场在资源配置中起决定性作用、更好发挥政府作用。

（二）依法管理原则

列入政府定价目录的商品和服务种类，都要严格限定在《价格法》第十八条规定的范围之内。对各地制定的地方定价目录，要依法进行审核，禁止随意扩大地方政府定价的范围，有利于全国统一市场的形成。

（三）合理分工原则

《价格法》规定，定价目录只能由国务院和省、自治区、直辖市两级价格主管部门制定。省以下（包括计划单列市）人民政府没有制定定价目录的权力。

（四）同类归并原则

政府定价目录不能过于琐碎，应当尽量简洁明了。提倡对同一型的价格进行合理归并，以简化种类。

（五）动态管理原则

政府定价目录并不是一成不变的，而应根据经济和社会发展的要求，定期进行修订，将那些已经形成竞争的商品和服务从目录中剔除，将一些对经济和社会发展有重要影响的商品和服务纳入，与时俱进，吐故纳新。

三、政府定价的基本程序

政府制定价格的基本程序是：

第一，受理申请；

第二，初步审查；

第三，成本调查；

第四，集体审议；

第五，价格公告；

第六，跟踪监测。

政府制定价格，除了遵守这些基本程序外，必要时还要遵守一些特别程序。如制定属于《价格法》第三十二条规定范围的价格，应召开价格听证会，制定生产技术性较强的商品和服务价格，可以聘请有关方面的专家进行评审等。

四、政府定价的审议制定

为了使政府制定价格行为更加科学、民主和公开，《政府制定价格行为规则》规定：政府在制定或调整商品和服务价格时，实行集体审议制度，要求有定价权的政府部门建立价格审议委员会或其他集体审议方式，负责听取制定或调整价格的汇报，咨询有关情况，审议并做出是制定或调整价格的决策意见。

社会主义市场经济是处于发展之中的不成熟的市场经济，更需要对价格进行管理。由于其特殊性，在价格管理的范围、程度、方式、方法等方面，社会主义市场经济体制下的价格管理既不同于计划经济体制下的价格管理，也有别于资本主义市场经济体制下的价格管理。

第三章 医疗服务价格管理

医疗服务价格是医疗机构及其医务人员向社会提供医疗技术服务时，向服务对象收取服务费用的标准。医疗服务价格管理是政府宏观调控医疗服务供需平衡的手段，医疗服务价格政策对推动医疗卫生事业健康发展，提高人民群众生活质量，进而促进社会经济建设和社会文明具有重要的作用。

第一节 医疗服务价格概述

医疗服务价格，从医院层面来看，涉及医疗服务成本费用补偿问题；从患者层面来看，涉及医疗费用的承担问题；从国家和政府管理层面来看，则涉及社会公平性在每个人身上的体现问题。因此，医疗服务价格管理不仅是价格学的一个重要研究领域，同时还是卫生经济学、社会保障学和社会伦理学等多个学术领域的研究方向。医疗服务价格政策作为医疗服务经济补偿和管理的重要手段，直接影响着医疗机构和医务人员的服务供给行为，并对费用控制、资源配置、医疗服务质量以及医疗服务过程中的效率公平等产生明显的导向或制约作用。

一、医疗服务价格政策演变历程

（一）社会主义计划经济时期的医疗服务价格补偿政策（1949—1978年）

新中国成立初期，对公立医院实行的是"统收统支"的财务管理政策，医疗服务价格实行政府定价；1953年改为"以收抵支，差额补助"；1954年调整为以床位计算补助的"全额管理，定额补助"，即核定收支计划，根据需要补助差额，结余上交；1960年确定县级以上医院"全额管理，定向补助"，即按照医院编制人数国家补助全部工资+附加工资3%（简称"包工资"）。新中国成立伊始，医疗卫生事业被确定为公益性和福利性事业，医疗服务补偿以政府财政补助为主，个人支付少量费用。由于片面强调群众的承受能力，免费和低价的医疗服务和药品被视为社会主义制度的优越性，我国在1958年、1960年、1972年期间进行了三次大的医疗服务价格下调，1979年降低后的医疗服务价格水平与1950年相比，下降了82%，严重制约和影响了医院的可持续发展。

（二）改革开放后的医疗服务价格政策演变(1978—1997年)

1978年，党的十一届三中全会确立了改革开放的发展战略，我国社会主义经济体制改革由计划经济走向市场经济。在医疗卫生领域，改革发展的重点转变为扩大医疗机构的服务供给，缓解供需矛盾；按照经济规律办事，打破医疗机构"平均主义"和"大锅饭"的分配方式，调动医务人员的工作积极性。1979年经济管理试点办法中，经费补助改为"全额管理，定额补助，结余留用"的办法。改革开放以后，随着市场经济的发展和医疗机构营业额的扩大，财政投入占公立医院收入的比重逐渐下降，医疗机构的收入更多依靠自身服务收入来补偿。到2009年的新一轮医改开始，政府补助占二、三级公立医疗机构的收入比重为8%~9%。据2009年的一项全国调查显示，一般公立医院医疗服务的成本回收率只有28.47%~37.86%。自20世纪90年代政府部门开始医疗服务价格改革，但顾虑于社会承受能力，实行的政策是"老项目老价格""新项目新价格"的政策，即挂号费、护理费、手术费等既有医疗服务项目价格不动或者调价幅度很小；新药、新材料、新大型设备、新技术等新出现的项目，则给予盈利水平高的价格，用于弥补医疗服务部分的财务赤字。医疗服务价格逐步出现了"劳务价格低、纯医疗业务亏损""药品耗材结余留归医院补偿亏损""大型设备检查检验价格高、盈利水平高"的局面。这种扭曲的医疗服务价格政策一定程度上导致了医疗卫生领域的逐利行为，表现为"大处方""开贵药""多开检查多提成"等现象，逐渐演变为社会上普遍反映的"看病贵、看病难"问题。在社会医疗保障制度不完善的前提下，公立医疗机构的公益性下降等问题引发了社会的广泛关注。

（三）新时期的医疗服务价格政策改革（1997—2021 年）

1997 年 1 月 15 日下发的《中共中央国务院关于卫生改革与发展的决定》（中发〔1997〕3 号）文件，是新中国历史上第一个最高规格的医疗卫生制度改革文件，文件提出："完善政府对卫生服务价格的管理。要区别卫生服务性质，实行不同的作价原则。基本医疗服务按照扣除财政经常性补助的成本定价，非基本医疗服务按照略高于成本定价，供自愿选择的特需医疗服务价格放宽。不同级别的医疗机构收费标准要适当拉开，引导患者合理分流。当前，要增设并提高技术劳务收费项目和收费标准，降低大型设备检查治疗项目过高的收费标准。建立能适应物价变动的卫生服务价格调整机制及有效的管理和监督制度。适当下放卫生服务价格管理权限。争取在二三年内解决当前存在的卫生服务价格不合理问题。"文件中将医疗服务划分为基本医疗服务、非基本医疗服务、特需医疗服务三类，旨在重点解决存在的卫生服务价格不合理等突出矛盾。

2000 年 2 月 21 日国务院办公厅《关于城镇医药卫生体制改革的指导意见》（国办发〔2000〕16 号）文件中提出，将医疗机构分为非营利性与营利性两类进行管理；重申了医疗服务价格分为基本、非基本和特需医疗服务三类，并实行不同的作价办法。2000 年 7 月 20 日，国家计委和卫生部《关于改革医疗服务价格管理的意见的通知》（计价格〔2000〕962 号）文件，在重申既往政策的基础上，增加了

"对医疗服务价格实行政府指导价和市场调节价，取消政府定价"和"政府指导价要引入市场竞争机制，对不同级别的医疗机构和医生提供的医疗服务分级制定指导价格，适当拉开差价，以引导患者选择医疗机构和医生……放宽非营利性医疗机构提供的供患者自愿选择的特需医疗服务的指导价格"。2009年11月9日《关于印发改革药品和医疗服务价格形成机制的意见的通知》(发改价格〔2009〕2844号) 提出"非营利性医疗机构提供的基本医疗服务，实行政府指导价；营利性医疗机构提供的各种医疗服务和非营利性医疗机构提供的特需医疗服务实行市场调节价"。2015年10月12日《中共中央国务院关于推进价格机制改革的若干意见》(中发〔2015〕28号) 文件，提出"建立以成本和收入结构变化为基础的价格动态调整机制，到2020年基本理顺医疗服务比价关系。落实非公立医疗机构医疗服务市场调节价政策"。2016年7月1日国家发改委会同国家卫计委等四部门发布《关于印发推进医疗服务价格改革意见的通知》(发改价格〔2016〕1431号) 文件提出"到2017年，逐步缩小政府定价范围"，重申"改革医疗服务项目管理，改进价格管理方式，结合公立医院综合改革同步调整医疗服务价格。到2020年，逐步建立以成本和收入结构变化为基础的价格动态调整机制，基本理顺医疗服务比价关系"及"公立医疗机构提供的特需医疗服务及其他市场竞争比较充分、个性化需求比较强的医疗服务，实行市场调节价"。2020 年 3 月，中共中央国务院印发《关于深化医疗保障制度改革的意见》（中发〔2020〕5 号），在"完善医药服务价格形成机制"部分明确提出："建立以市场为主导的药品、医用耗材价格形成机制，建立全国交易价格信息共享机制。治理药品、高值医用耗材价格虚高。完善医疗服务项目准入制度，加快审核新增医疗服务价格项目，建立价格科学确定、动态调整机制，持续优化医疗服务价格结构。建立医药价格信息、产业发展指数监测与披露机制，建立药品价格和招采信用评价制度，完善价格函询、约谈制度。"重点治理药品、医用耗材价格虚高以及医疗服务价格结构不合理问题。

2021 年 8 月 25 日，国家医保局等八部门发布了《深化医疗服务价格改革试点方案》，《试点方案》明确了改革目标："通过 3 至 5 年的试点，探索形成可复制可推广的医疗服务价格改革经验。到 2025 年，深化医疗服务价格改革试点经验向全国推广，分类管理、医院参与、科学确定、动态调整的医疗服务价格机制成熟定型，价格杠杆功能得到充分发挥。"《试点方案》中明确提出将医疗服务区分成三种类型，实行不同的定价机制。一类是通用型医疗服务。诊察、护理、床位、部分中医服务等列入通用型医疗服务目录清单，对这类服务将制定通用型医疗服务政府指导价的统一基准价格，不同区域、不同层级的公立医疗机构可在一定范围内浮动。另一类是复杂型医疗服务，即未列入通用性医疗服务目录清单的项目。比如技术难度大、风险高的手术项目。这一类服务价格的制定采取由政府主导，公立医院参与的价格形成机制，尊重医院和医生的专业性意见建议，更好体现技术劳务价值，统一公布政府指导价。还有一类是特需服务和试行期内（试行期 1 至 2 年）新增服务项目价格实行市场调节价政策。通过《深化医疗服务价格改革试点方案》可以看出，医疗服务价格管理已经进入标准化、规范化发展轨道。

二、医疗服务价格管理的特点

与医疗服务的特点相适应，医疗服务价格管理相对于其他价格管理，存在以下明显的特点：

（一）专业性强

管理者必须对各类医疗服务有一个总体了解，掌握其运行规律，才能做出正确的价格决策。随着医疗技术的进步，医疗服务学科分类日益深化和细化，价格项目越设越多，而且价格内涵也越来越丰富。

（二）综合性强

定价过程必须综合考虑各方面的因素，除了成本因素以外，还要考虑行业的性质、政府的财力、医疗保险体制的状况、群众的承受能力、经济和技术发展水平、国际通行惯例、行业发展方向等等，甚至还要考虑药品生产、流通体制和药品行业的发展方面，医疗服务价格决策是一个综合因素的决策过程。

(三) 社会敏感性强

由于社会对医疗服务的认识和定性有一个不断完善变化的过程，疾病本身的发生变化也带有极大的不确定性，所以价格管理需要适应社会要求和疾病规律做适时调整，有福利性定价、事业性定价、成本性定价和复合性定价以及突发性价格管理等不同的管理方式。

(四) 价格的成本推动性明显

由于人们对生命的存在总是最关心的，因此有关生命存在的技术和发明总是最先最快被应用，在发展中国家尤其如此。发达国家十年、数十年发明的医疗技术，在发展中国家很快就能得到同步应用和普及，这使得医疗服务的成本总是处在不断上升的过程中，从而推动价格的上涨。因此在管理医疗服务价格时，必须正确认识医疗服务成本的上升，要掌握好成本补偿的尺度，既不能完全信赖成本定价，使定价违背当地经济发展程度和群众承受能力；也不能违背市场价值规律，使医疗卫生事业失去应有的补偿和发展能力。

三、医疗服务价格管理的必要性

我国对医疗卫生事业的定位是"政府举办的带有一定福利性质的社会公益事业"，因此政府必然对医疗服务价格进行严格管理，其必要性主要体现在以下几方面：

1. 医疗卫生是一项社会公益事业，政府必须承担公共卫生和部分基本医疗费用的支出，同时我国政府举办的医疗机构仍按事业单位管理，医疗卫生资产属国有资产，政府应该履行社会管理者的职责。

2. 医疗服务价格具有收入再分配职能，政府通过一定的价格管制，使社会弱势人群也能享受到基本的医疗服务，既要有助于提高医疗资源的使用效率，更要有利于消灭贫穷，实现社会公平，避免贫困的恶性循环。

3. 医疗服务具有不确定性，一方面，疾病的发生具有不确定性；另一方面，一旦生病并采取治疗，治疗效果也存在不确定性。这两方面的不确定性，导致疾病的风险难以预见，尤其重大疾患对个人或家庭都是沉重的经济负担，对社会文明进步以及社会和谐都会带来重大危害，这就需要政府利用价格、保险等手段进行调控。

世界银行《1993年世界发展报告》将政府对卫生经济干预的理论基础归纳为："第一，减少贫困是医疗卫生方面进行干预的最直接的理论基础；第二，许多与医疗卫生有关的服务是公共物品，其作用具有外部性；第三，疾病风险有不确定性和保险市场的缺陷是政府行为的第三个理论基础。"

中共中央国务院《关于卫生改革与发展的决定》（中发〔1997〕3号）明确指出："人人享有卫生保健，全民族健康素质的不断提高，是社会主义现代化建设的重要目标，是人民生活质量改善的重要标志，是社会主义精神文明建设的重要内容，是经济和社会可持续发展的重要保障。"所以，医疗服务价格管理不仅是关系到广大人民群众享受基本医疗服务的大事，也是关系到医疗卫生事业健康发展，进而促进社会主义现代化建设进程的大事。

四、医疗服务价格管理分类

医疗服务价格可以按照管理和诊疗目的不同进行分类。

1. 按照政府定价管理属性来划分可分为通用型、复杂型和特需医疗服务项目三类，通用型、复杂型医疗服务项目价格实行政府指导价，特需医疗服务项目实行市场调节价。

2. 按照提供医疗服务项目诊疗目的不同可划分为综合医疗服务、实验室诊断、病理学诊断、影像学诊断、临床诊断、临床物理治疗、临床非手术治疗、临床手术治疗、临床辅助操作、中医和民族医医疗服务十大类，每类下设第二至五级分类，第五级为具体医疗服务价格项目。

3. 按照财务管理属性来划分可分为诊查费、床位费、检查费、治疗费、护理费、手术费、检验费、材料费、其他收费等。

4. 按照基本医疗保险基金支付范围来划分可分为甲类、乙类、丙类和定额支付医疗服务项目。其中，"甲类"医疗服务价格项目支付标准全部纳入医保基金支付范围，"乙类"医疗服务价格项目支付标准由参保人按一定比例先行自付后纳入医保基金支付范围,"丙类"医疗服务价格项目不纳入医保基金支付范围,"定额支付"医疗服务价格项目以本统筹区普通床位价格为基准,纳入医保基金支付范围。

五、医疗服务价格管理现状与存在的问题

(一) 项目规范不统一

现行医疗服务价格项目过多过细,标准化程度低,2021年对全国各省、市、自治区实际医疗服务价格项目汇总整理发现,全国医疗服务项目共有13 612项,其中国家代码7884项、地方临时代码5728项,省际间医疗服务价格项目分类、数量、名称、内涵不统一,不利于价格政策制定与成本测算,不利于价格监督与管理。

(二) 价格水平和区域、项目间比价关系不合理

不同区域间、不同学科间发展不平衡,价格的确定缺乏科学评估标准。有的简单手术项目比复杂手术项目的价格可能还高,地区和地区之间比价的不合理程度更加严重。"两高一低"现象突出,即大型仪器设备检查检验项目价格高、新技术新项目价格高、体现医务人员技术劳务价值的项目价格低。药品耗材收入占比过高,技术劳务收入占比偏低,导致医疗机构收入结构不合理。

(三) 价格动态调整机制不明确

虽然价格主管部门周期性地进行价格检查和治理活动,

但现行医疗服务价格不足以补偿医疗服务成本，有的地区执行的医疗服务价格多年未进行调整，有的地区价格调整项目比较多，但什么时候应该调整价格，价格调整机制不明确。自启动医改以来，医疗机构乱收费、重复收费和分解收费的现象没有从根本上得到有效遏制。

（四）价格的资源配置、杠杆作用发挥不明显

长期以来，医疗服务价格管理偏重微观定调价，宏观调节不足，价格的杠杆作用发挥不明显。价格不能真实反映技术劳务价值，医疗成本得不到合理补偿，进而导致整体医疗资源配置效率低下。

（五）价格对医疗新技术新项目应用的促进作用滞后

受医疗服务项目准入制度的限制，新技术新项目申报审批流程滞后，价格管理部门对医疗高新技术和新项目的审批始终坚持谨慎性原则。

（六）价格的形成机制不健全

价格最主要的构成要素是成本，而公立医疗机构成本核算基础薄弱，构成医疗服务成本要素的标准也不统一。另外，医疗服务的复杂性决定了医疗服务产出不同于流水线上的产品，医疗服务价格的制定需要临床医学专业、卫生经济学、医疗服务成本与价格、医疗保险等多学科专业知识和团队研究成果。

（七）价格管理体系不完善

医疗服务价格管理实行国家和省两级管理，医疗服务定调价权限、价格制定和调整程序规则需要优化明确，科学合理。价格管理的信息化水平和队伍建设也需要进一步加强。

第二节　医疗服务价格管理的原则

一、医疗服务价格管理的基本原则

坚持以人民健康为中心、以临床价值为导向、以医疗事业发展规律为遵循，建立健全适应经济社会发展、更好发挥政府作用、医疗机构充分参与、体现技术劳务价值的医疗服务价格形成机制，坚持公立医疗机构公益属性，建立合理补偿机制，调动医务人员积极性，促进医疗服务创新发展，提高医疗卫生为人民服务的质量和水平，控制人民群众医药费用负担，保障人民群众获得高质量、有效率、能负担的医疗卫生服务。

二、医疗服务价格管理的具体原则

（一）统筹兼顾原则

根据社会经济发展水平、医疗技术进步、医保基金筹资运行以及各方承受能力，以价值规律和医疗事业发展规律为遵循，统筹调控医疗服务价格总体水平。

（二）政府主导原则

公立医疗机构公益属性决定了医疗服务价格不能完全由市场调节，政府发挥宏观调控作用，公立医疗机构发挥专业优势，构建政府主导和医疗机构参与相结合的价格形成机制。

（三）合理补偿原则

医疗服务收费是医疗机构获得合理经济补偿的主要渠道。医务人员在提供医疗服务的过程中，物化劳动和劳务的消耗必须得到合理的补偿才能维持医疗机构的生存和发展。在社会主义市场经济条件下，充分发挥价格合理补偿功能，才能保障医疗机构健康可持续发展。

（四）分级管理原则

医疗服务价格项目实行国家和省两级管理，国家和省级医疗保障部门可根据功能定位、成本结构、医疗技术复杂程度等，对部分医疗服务的价格进行政策指导。

（五）统一规范原则

按照服务产出为导向、医疗人力资源为基础、技术劳务与物耗分开的管理规则，以实现价格项目内涵边界清晰、适应临床诊疗、便于评价监管为目标，统一全国医疗服务价格项目规范和医疗服务成本测算办法，逐步消除区域间差异。

（六）计划与市场相结合原则

将医疗机构分为非营利性和营利性两类进行管理。对非营利性医疗机构普遍开展、服务均质化程度高的通用型医疗服务项目和技术难度大、风险程度高、确有必要开展的复杂型医疗服务项目实行政府统一指导价，不同区域、不同层级医疗机构可在一定范围内浮动实施。对营利性医疗机构医疗服务项目、特需服务和试行期内新增医疗服务项目实行市场调节价。

（七）可操作性原则

制定与卫生事业特点相适应的、切实可行的医疗服务价格管理办法和程序。

（八）灵活反应原则

医疗服务价格体系要根据国家价格、财政政策、医疗卫生改革以及宏观经济形势的变化及时进行动态调整。

第三节　医疗服务价格管理措施

改革开放以来，医疗服务价格管理经历了"两种收费""清理整顿"和"总量控制，结构调整"等三次重大改革举措，解决了许多积累的价格问题，但对在医疗卫生事业发展中产生的新问题如"看病难、看病贵"和医院间缺乏必要的竞争等尚未得到很好解决。这里根据国家有关部委医疗服务价格改革的一些具体举措，分别进行论述。

一、划分非营利性与营利性医疗机构

2000 年 2 月 21 日，国务院体改办、国家计委、国家经贸委、财政部、劳动保障部、卫生部、药品监管局、中医药局等八部委联合颁发的《关于城镇医药卫生体制改革的指导意见》中，制定了新的医疗机构分类管理制度，将医疗机构分为非营利性和营利性两类进行管理。今后，国家根据医疗机构的性质、社会功能及其承担的任务，制定并实施不同的财税、价格政策。非营利性医疗机构在医疗服务体系中占主导地位。享受相应的税收优惠政策，政府举办的非营利性医疗机构由同级财政给予合理补助。

二、医疗服务价格实行分级分类管理

2000 年 7 月 20 日，国家计委、卫生部发布的《关于改革医疗服务价格管理的意见》中提出，"对医疗服务价格实行政府指导价和市场调节价，取消政府定价。对非营利性医疗机构提供的医疗服务，实行政府指导价，医疗机构按照当地价格主管部门制定的基准价和浮动幅度范围内，确定本单位的实际医疗服务价格。对营利性医疗机构提供的医疗服务，实行市场调节价，营利性医疗机构可以根据实际服务成本和市场供求情况，自主制定服务价格。"这是新时期医疗服务价格改革的重大举措。2009 年 11 月 9 日《关于印发改革药品和医疗服务价格形成机制的意见的通知》

（发改价格〔2009〕2844 号）提出"非营利性医疗机构提供的基本医疗服务，实行政府指导价；营利性医疗机构提供的各种医疗服务和非营利性医疗机构提供的特需医疗服务实行市场调节价"。2015 年 10 月 12 日《中共中央国务院关于推进价格机制改革的若干意见》（中发〔2015〕28 号）又是一个最高规格的文件，提出"建立以成本和收入结构变化为基础的价格动态调整机制，到 2020 年基本理顺医疗服务比价关系。落实非公立医疗机构医疗服务市场调节价政策"。2016 年 7 月 1 日《关于印发推进医疗服务价格改革意见的通知》（发改价格〔2016〕1431 号）提出"到 2017 年，逐步缩小政府定价范围"，重申"改革医疗服务项目管理，改进价格管理方式，结合公立医院综合改革同步调整医疗服务价格。到 2020 年，逐步建立以成本和收入结构变化为基础的价格动态调整机制，基本理顺医疗服务比价关系"及"公立医疗机构提供的特需医疗服务及其他市场竞争比较充分、个性化需求比较强的医疗服务，实行市场调节价"。2021 年 8 月 25 日，国家医保局、卫健委、发改委等八部门联合印发《深化医疗服务价格改革试点方案》文件，《试点方案》明确指出："医疗服务价格项目实行国家和省两级管理。医疗服务价格水平以设区的市属地化管理为基础，国家和省级医疗保障部门可根据功能定位、成本结构、医疗技术复杂程度等，对部分医疗服务的价格进行政策指导。"《试点方案》将医疗服务价格项目分为三类，即通用型、复杂型和特需医疗服务项目，通用型、复杂型医疗服务项目实行政府指导价，特需服务和试行期（1 至 2 年）内新增项目实行市场调节价。

三、规范全国医疗服务价格项目

规范医疗服务价格项目，是医疗服务价格管理改革的第一个配套措施。现行的医疗服务价格项目，是各省、区、市根据本地区实际情况，经过几十年的实践逐步形成的。省际间医疗服务价格项目分类不同，项目数量多少不同，同一项目名称不同，所涵盖的服务内容不同。这种状况，不利于全国医疗服务价格政策的制定与成本测算，不利于政府和社会对医疗服务价格的管理与监督。为改变上述状况，2021 年 8 月 25 日，国家医保局、卫健委、发改委等八部门联合印发《深化医疗服务价格改革试点方案》文件，提出"按照服务产出为导向、医疗人力资源消耗为基础、技术劳务与物耗分开的原则，制定国家价格项目编制规范。……分类整合现行价格项目，完善全国医疗服务价格项目规范，统一价格项目编码，逐步消除地区间差异。"《全国医疗服务价格项目规范》（以下简称《规范》）颁布后，各省、区、市都要将本地区的现行医疗服务价格项目与《规范》调整、对接，并按照调整后的项目，理顺医疗服务价格。

四、统一医疗服务成本测算方法

制定统一的《医疗服务成本测算办法》（以下简称《办法》），是新时期医疗服务价格管理改革的第二个配套措施。

（一）制定《办法》的目的

一是通过建立科学的成本测算理论和方法，为调整制定医疗服务价格提供依据；二是为医院加强经济管理，不断降低服务成本提供指导；三是为医疗保险付费标准和医疗服务收费模式改革打基础。

（二）制定《办法》的原则

制定《办法》的基本原则是：客观反映医疗服务社会平均成本；反映主要成本因素对成本的影响程度；成本计算方法力求简便易行，便于价格管理工作人员掌握和操作。

（三）《办法》的主要内容

原国家计委、原卫生部共同主持制定的《医疗服务成本测算办法》（试行稿）的主要内容和计算程序如下：

1. 以医院实际账面发生的医疗费用支出数为基础，经过合理的调整后，计算出医院的医疗服务总成本。

2. 医疗服务总成本划分为间接成本科室（即行政、后勤和医疗辅助科室）成本与直接成本科室（即医技和临床科室）成本。然后将间接成本科室的成本按一定的系数，分摊到直接成本科室中去。

3. 各直接成本科室的总成本求出后，再按一定的分配方法，分摊到各科室的各医疗服务项目，计算每个医疗服务项目的单位成本。

《办法》规定，成本分配方法为"成本估算点数法"，成本点数的确定，是在有关医院的同类科室调查中确定每个服务项目占科室成本的比例，这个比例即这个项目的成本分配点数。用每个科室的点数总和去除科室实际成本总额，即等于每一点数的成本绝对值。再以每一服务项目的点数，乘以每一点数成本绝对值，即等于该服务项目的单位成本。核算程序见图 3-1。

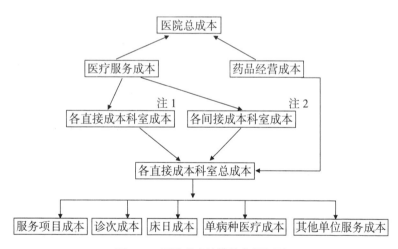

图 3-1　医院成本核算基本框架图

注:1. 直接成本科室的确定依需要计算的单位成本为准。如计算项目成本,医技科室和临床科室为直接成本科室;若计算诊次、床日成本,只有临床科室为直接成本科室。2. 若计算项目成本,药品经营成本不摊入到各直接成本科室;若计算诊次和床日成本,则药品成本须摊入到各直接成本科室。

五、医疗服务价格动态调整机制

坚持政府主导，市场形成以临床价值为导向、以服务成本为基础、以科学方法为依托推进医疗服务价格动态调整，充分发挥医疗机构的功能定位和专业优势，激发医疗机构的调价自觉和有序竞争。

（一）统一规范调价路径

建立医疗服务价格科学确定、动态调整机制是协同推进医药服务供给侧改革的重要任务。要按照"设置启动条件、评估触发实施、有升有降调价、医保支付衔接、跟踪监测考核"的基本路径，整体设计医疗服务价格动态调整机制，在定价权限范围内，按照机制实施调价。

（二）综合设置启动条件

医疗服务价格动态调整包括价格上调和价格下调。医疗服务价格上调应综合考虑本地区上一年度经济社会发展情况、医疗机构运行状况、医保基金承受能力、患者医疗费用负担、医疗服务成本变化等多种因素。医疗服务价格下调以现行医疗服务价格存在明显不合理因素为前提，鼓励医疗机构主动对不合理的医疗服务价格申请下调。

（三）定期开展调价评估

省、区、市医疗保障部门会同相关部门对本地区上一年度的相关指标进行量化评估，符合触发条件的，按程序启动调价工作；超过约束条件的，本年度原则上不启动价格动态调整工作（配套医改重点任务或为应对突发重大公共卫生事件实施的专项调整，以及对新增项目、价格矛盾突出项目进行个别调整的除外）。

（四）合理测算调价空间

调价空间主要按照"历史基数"加"合理增长"的方式确定，即以每次调价前上一年度的医药费用总量为基数，选择反映控费效果、经济发展、医保筹资、物价水平或居民收入变化等相关指标综合确定合理的调整幅度，原则上最大调整幅度不得超过地区生产总值增长高于医药卫生费用增长的幅度。为落实重大医改任务配套实施专项调整时，可根据医改任务对公立医疗机构收入和成本的实际影响分类测算调价空间，兼顾医院、患者和医保三者平衡。

（五）优化选择调价项目

各公立医疗机构可提出需要调整的医疗服务项目、调价幅度及相关申报理由。

1. 优先将技术劳务占比高、成本和价格严重偏离的医疗服务项目纳入调价范围。

2. 统筹不同类型、不同等级医疗机构的功能定位、服务能力和运行特点，兼顾收入结构特殊的专科医疗机构和基层医疗机构。

3. 全面比对分析现行医疗服务项目在全国的价格水平，保持区域间价格平衡，并与经济社会发展相协调。

4. 平衡好调价节奏和项目选择，防止出现部分应调整的项目长期得不到调整、部分项目过度调整的情况。

（六）科学制定调价方案

医疗服务价格动态调整要依据一定的程序和方法，将调价空间向选定项目进行合理分配，具体应符合以下要求：

1. 调价预计增收的总金额与既定的调价空间基本吻合，兼顾医疗机构间、学科间均衡。

2. 重点提高体现技术劳务价值的医疗服务价格，降低设备物耗占比较高的检查检验和大型设备治疗价格，支持儿科等薄弱学科发展，支持中医传承创新发展，支持公立医疗机构提高医疗服务收入占比。

3. 区域内实行分级定价，充分考虑医疗机构等级和功能定位、医师级别、市场需求、资源配置等因素，合理调节价格差距。原则上，不同等级医疗机构之间同一医疗服务项目的价格标准由高到低逐级递减，促进分级诊疗。

4. 区域间应加强协调平衡，在省内同等级医疗机构同一项目最高价格基础上，科学合理确定调价幅度，促使经济发展水平相近、医疗发展水平相当、地理区域相邻省份或市州的价格水平保持合理衔接。

（七）优化调价规则和程序

医疗服务价格调整的程序一般包括成本调查、专家论证、风险评估、听取意见、集体审议等环节。各地要依法依规改革优化医疗服务定价调整程序，采取简便易行的方式开展成本调查，广泛听取利益相关方的意见。对调价启动条件、调价空间和拟定医疗服务价格的科学性与合理性，组织相关专家进行研究论证。重点研判影响范围广或涉及特殊困难群体的调价项目，做好调价风险评估，防止个性问题扩大成为系统性风险。

（八）改进医疗机构管理和服务

公立医疗机构要主动适应改革，提升管理和服务水平。在政策允许的范围内，合理调整医疗服务价格，并以明晰的方式公示，不得强制服务并收费，不得采取分解收费项目、重复收费、扩大收费等方式变相提高收费标准。不断规范医疗服务行为，控制药品耗材不合理使用，提升医疗服务质量，优化医疗服务流程，改善患者就医体验。

第四节　医疗服务价格管理机制

一、价格项目管理机制

（一）制定国家价格项目编制规范

按照服务产出为导向、医疗人力资源消耗为基础、技术劳务与物耗分开的原则，制定全国统一的价格项目编制规范。明确医疗技术或医疗活动转化为价格项目的立项条件和管理规则，厘清价格项目与临床诊疗技术规范、医疗机构成本要素、不同应用场景加收标准等的政策边界。构建内涵边界清晰、适应临床诊疗、便于评价监管的价格项目体系。

（二）完善全国价格项目规范

在充分听取临床专家等意见基础上，分类整合现行价格项目，完善全国医疗服务价格项目规范，统一价格项目编码，逐步消除地区间差异。实现价格项目与操作步骤、诊疗部位等技术细节脱钩，增强现行价格项目对医疗技术和医疗活动改良创新的兼容性，合理压减项目数量。医用耗材从价格项目中逐步分离，发挥市场机制作用，实行集中采购、"零差率"销售。

（三）优化新增价格项目管理

简化新增价格项目申报流程，加快受理审核进度，促进医疗技术创新发展和临床应用。对资源消耗大、价格预期高的新增价格项目，开展创新性、经济性评价。对优化重大疾病诊疗方案或填补诊疗空白的重大创新项目，开辟绿色通道，保障患者及时获得更具有临床价值和成本效益的医疗服务。

二、价格总量调控机制

（一）加强医疗服务价格宏观管理

根据经济发展水平、医疗技术进步和各方承受能力，对公立医疗机构医疗服务价格调整总量实行宏观管理，控制医药费用过快增长，提升价格管理的社会效益。在价格调整总量范围内突出重点、有升有降调整医疗服务价格，发挥价格工具的杠杆作用。

（二）合理确定价格调整总量

建立健全价格调整总量的确定规则和指标体系。以区域内公立医疗机构医疗服务总费用为基数，综合考虑地区经济发展水平、医药总费用规模和结构、医保基金筹资运行、公立医疗机构运行成本和管理绩效、患者跨区域流动、新业态发展等因素，确定一定时期内公立医疗机构医疗服务价格调整的总金额。

（三）统筹平衡总量分配

地区间价格调整总量增速要快慢结合，促进增加医疗资源有效供给，提高均等化水平。医疗费用增速过快的地区要严格控制增长。公立医疗机构间价格调整总量有保有压，体现合理回报、激励先进，反映各级各类公立医疗机构功能定位、服务特点，支持薄弱学科、基层医疗机构和中医医疗服务发展，促进分级诊疗。

三、价格分类形成机制

（一）通用型医疗服务的政府指导价围绕统一基准浮动

医疗机构普遍开展、服务均质化程度高的诊察、护理、床位、部分中医服务等列入通用型医疗服务目录清单。基于服务要素成本大数据分析，结合宏观指数和服务层级等因素，制定通用型医疗服务政府指导价的统一基准，不同区域、不同层级的公立医疗机构可在一定范围内浮动实施，促进通用型医疗服务规范化、标准化和成本回收率均等化。

（二）复杂型医疗服务的政府指导价引入公立医疗机构参与形成

未列入通用型医疗服务目录清单的复杂型医疗服务，构建政府主导、医院参与的价格形成机制，尊重医院和医生的专业性意见建议。公立医疗机构在成本核算基础上按规则提出价格建议。各地集中受理，在价格调整总量和规则范围内形成价格，严格控制偏离合理价格区间的过高价格，统一公布政府指导价。建立薄弱学科的调查监测和政策指引机制，允许历史价格偏低、医疗供给不足的薄弱学科项目价格优先调整，推动理顺比价关系。充分考虑中医医疗服务特点，支持中医传承创新发展。支持技术难度大、风险程度高、确有必要开展的医疗服务适当体现价格差异。引导公立医疗机构加强成本管理和精算平衡、统筹把握调价项目数量和幅度，指导公立医疗机构采取下调偏高价格等方式扩大价格调整总量。

（三）特需服务和试行期内新增项目实行市场调节价

公立医疗机构确定特需服务和试行期内新增项目（试行期1至2年）的价格，并报医疗服务价格主管部门备案。定价要遵守政府制定的价格规则，与医院等级、专业地位、功能定位相匹配，定价增加的医疗服务费用占用价格调整总量。严格控制公立医疗机构实行市场调节价的收费项目和费用所占比例不超过全部医疗服务的10%。新增项目试行期满后，按通用型或复杂型项目进行管理。

四、价格动态调整机制

（一）通用型医疗服务项目价格参照收入和价格指数动态调整

通用型医疗服务项目基准价格参照城镇单位就业人员平均工资、居民消费价格指数变化进行定期评估、动态调整。城镇单位就业人员平均工资累计增幅达到触发标准、居民消费价格指数低于一定水平的，按规则调整基准价格。

（二）复杂型医疗服务项目价格经评估达标定期调整

建立健全调价综合评估指标体系，将医药卫生费用增长、医疗服务收入结构、要素成本变化、药品和医用耗材费用占比、大型设备收入占比、医务人员平均薪酬水平、医保基金收支结余、患者自付水平、居民消费价格指数等指标列入评估范围，明确动态调整的触发标准和限制标准。定期开展调价评估，符合标准时集中启动和受理公立医疗机构提出的价格建议。

（三）建立医疗服务价格专项调整制度

为落实药品和医用耗材集中带量采购等重大改革任务、应对突发重大公共卫生事件、疏导医疗服务价格突出矛盾、缓解重点专科医疗供给失衡等，根据实际需要启动医疗服务价格专项调整工作，灵活选择调价窗口期，根据公立医疗机构收入、成本等因素科学测算、合理确定价格调整总量和项目范围，有升有降调整价格。

五、价格监测考核机制

（一）定期编制并发布医疗服务价格指数

实行医疗服务价格公示、披露制度，编制并定期发布医疗服务价格指数。监测公立医疗机构重要项目价格变化，对监测发现医疗服务价格异常、新增项目定价偏高的，必要时组织开展成本调查或监审、成本回收率评价、卫生技术评估或价格听证，防止项目价格畸高畸低。

（二）做好医疗服务项目价格定期评估

定期评估医疗服务价格项目执行效果。全面掌握医疗服务价格总量调控和动态调整执行情况，定期评估调价对公立医疗机构运行、患者和医保基金负担等的影响。定期评估区域间、学科间比价关系。科学运用评估成果，与制定和调整医疗服务价格挂钩，确保医疗服务价格新机制稳定高效运行。

（三）实行公立医疗机构价格责任考核制度

制定公立医疗机构医疗服务价格主体责任考核办法。稽查公立医疗机构内部价格管理和定价的真实性、合规性，检查公立医疗机构医疗服务价格执行情况，考核公立医疗机构落实改革任务、遵守价格政策、加强经营管理、优化收入结构、规范服务行为等情况。稽查、检查和考核结果与公立医疗机构价格挂钩。

第四章　医疗服务收费管理

医疗服务收费关乎广大人民群众的切身利益，也与公立医院的经济运营和高质量发展密切相关。2021年5月，中央全面深化改革委员会第十九次会议审议通过了《深化医疗服务价格改革试点方案》，意味着通过顶层系统设计、高位推动，长期滞后的医疗服务收费改革将全面提速，医疗服务收费改革将迎来重大改变。

第一节　医疗收费改革历程

医疗服务收费改革是公立医院改革的重要内容，医疗服务收费也是医保基金安全和公立医院改革的关键环节，对公立医院服务收入及服务行为的影响，在不同时期有着不同的表现特征。

一、计划经济时期（1949—1979年）

在计划经济时期，公立医院不是独立法人经济体，管办一体化。医疗卫生投入以政府为主，政府对医疗服务价格进行直接定价，提供低廉甚至免费的医疗服务。这个时期，国家机关、人民团体和事业单位实行的是"公费医疗制度"，医疗费用由国家财政按人头拨付。城镇企业职工实行的"劳保医疗制度"，由企业医疗卫生费、福利费和奖励基金合并的"企业职工福利基金"负担。医疗服务收费标准由财政部门和各级卫生管理部门共同制定，人民群众可以以较低的价格获取医疗福利，收支差额不足部分通过"药品加成"政策和财政补助进行补偿，医务人员薪酬与医疗服务收入不挂钩。虽然医疗服务收费项目水平偏低、收费项目简单，但并不影响医院的正常运营和医务人员的薪酬收入。这一时期，"平均主义"和"大锅饭"问题严重。医疗服务收费经过三次降价后医院收费价格低于医疗成本，医疗收支不足部分需要国家进行财政补贴。而财政补贴不到位又让医院陷入了经营困难，收治越多、亏损越多的不利局面。

二、改革开放时期（1979—2009 年）

改革开放时期，在全社会开放搞活、打破大锅饭的背景下，要求公立医院在坚持公益性的同时，更加强调独立经营核算，财政补助由差额补助改为定额补助，原来的完全计划变为部分搞活。一方面，为了弥补医疗服务政策性亏损，大幅增加与临床操作过程、操作方法捆绑的医疗服务项目；另一方面，扩大医院自主经营权，将职工月度绩效、年终奖金与治疗收入挂钩，高价药品、高值耗材以及大处方、大检查成为医院变相增收提效的工具。自1982年开始，医疗收费管理经历了"两种收费办法""清理整顿医疗收费"和"总量控制、结构调整"的改革。进入20世纪90年代，医药费用年增长率高达39.2%，远高于经济增长率，收费价格和补偿机制缺陷成为医药费用过快增长的重要原因。这一时期，过度医疗、看病难、看病贵成为突出的社会问题。

三、新医改时期（2009—2018年）

2009年3月17日，中共中央国务院印发《关于深化医药卫生体制改革的意见》（中发〔2009〕6号）文件，这是新医改的纲领性文件，文件中提出："实现人人享有基本医疗卫生服务的目标，着力解决人民群众最关心、最直接、最现实的利益问题。""建立科学合理的医药价格形成机制。"旨在重点解决人民群众反映强烈的"看病难、看病贵"问题。2017年4月，国家发改委提出要求："各级各类公立医院于9月底前全部取消药品加成"，实施"零差率"政策，破除"以药养医"。2017年11月10日，国家发改委发布《关于全面深化价格机制改革的意见》。《意见》明确提出：巩固取消药品加成成果，进一步取消医用耗材加成，优化调整医疗服务价格；加快新增医疗服务价格项目受理审核，扩大按病种、按服务单元收费范围和数量。医疗服务收入成为补偿医疗支出、维护医药正常运转的主要来源。

四、深化改革时期（2018年至今）

这一时期，我国医疗服务价格（医疗收费）管理职能发生变化。2018年国家医疗保障局成立，国家发改委价格司医药价格管理职能转隶国家医保局招采司。国家医疗保障局成立后进行的药品和医用耗材的集中带量采购、医保目录谈判等工作，大大降低了医疗机构药品和耗材的购买价格，为提高医务人员的技术劳务价格、提高医保基金的使用效率腾出了空间。

2019年8月，国务院办公厅印发《治理高值医用耗材改革方案》提出：取消医用耗材加成，实施"零差率"销售政策。2020年3月，中共中央国务院印发《关于深化医疗保障制度改革的意见》，在"完善医药服务价格形成机制"部分明确提出："建立以市场为主导的药品、医用耗材价格形成机制"。2021年8月国家医保局等八部委联合印发《深化医疗服务价格改革试点方案》（医保发〔2021〕41号），《方案》提出：建立医疗服务价格管理五项机制、完善价格管理三个支撑体系、统筹推进五个方面配套改革。最终目标实现整体卫生健康资源的合理配置，最大程度提升人民群众健康水平。该《方案》的实施，标志着我国医疗服务价格改革进入规范化、标准化发展轨道，同时，对促进公立医院高质量发展可以发挥医疗服务价格"度量衡""信号灯""助力器"功能，医疗服务价格（收费）改革政策和形成机制逐渐成熟。

新中国成立以来，我国历经数次医疗服务收费改革，但服务收费仍然无法体现其实际技术劳务价值。在新时代，要提高医疗服务收费政策制定的科学性、合理性，正确处理市场与政府的关系，探索社会各方满意的医疗服务价格（收费）形成机制。同时，也要把握好医疗资源的有限性与医疗需求的无限性、技术发展与适度医疗之间的矛盾和平衡关系。

第二节　全国医疗服务价格项目规范

医疗服务价格项目规范，是医疗服务价格落地、医疗收费行为和医保政策执行的基础。多年来，我国医疗服务项目是由国家、省（自治区、直辖市）人民政府分级进行管理的。项目名称及内容是各地经过长期实践逐步演变形成的，各地在项目分类、项目名称、服务涵盖内容等方面存在较大差异。为加强对医疗服务价格管理，规范医疗服务价格行为，促进医学科学进步，同时为有利于科学测算医疗服务成本，体现医务人员的技术劳务价值，2001年，国家计委、卫生部和国家中医药管理局联合制定了《全国医疗服务价格项目规范（试行）》，对医疗服务价格项目进行了分类，全国实行统一的医疗服务价格项目名称和服务内容。

一、全国医疗服务价格项目规范主要内容

2001年，国家颁布《全国医疗服务价格项目规范（试行）》(2001版)，在全国范围内首次统一了医疗服务价格项目名称和编码，并采用五级分类法，将医疗服务项目分为四大类，即综合医疗服务类、医技诊疗类、临床诊疗类和中医及民族医诊疗类。每类下设第二至四级分类，第五级为医疗服务价格项目。规范全国医疗服务价格项目3966项，其中综合医疗服务类项目86项、医技诊疗类项目988项、临床治疗类2795项、中医及民族医诊疗类项目97项。2006年10月—2007年6月，相关部委梳理医疗机构临床诊疗项目技术操作规范，新增项目204项，修订项目141项，形成可以收费的医疗服务价格项目4170项。2012年，国家三部委在2001年版和2007年版基础上修订印发了新的《全国医疗服务价格项目规范（2012版）》，形成可以收费的医疗服务价格项目9360项。2021年8月，经对全国各省（自治区、直辖市）实际执行的医疗服务价格项目汇总整理发现，全国医疗服务价格项目有13 612项，其中国家代码7884项，地方临时代码5728项。

对于《全国医疗服务价格项目规范（试行）》之外各地的新增项目，先由省级价格主管部门会同同级卫生行政部门审定后实行，并报国家发改委和原卫生部备案。国家发改委会同原卫生部定期审核新增项目，确定统一规范的医

疗服务项目名称和服务内容。

二、公立医院医疗服务价格手册

2012 年，国家发改委发布修订后的《全国医疗服务价格项目规范（2012 版)》，其内容做了相应调整，以适应社会发展和卫生事业发展，保障人民群众健康生活的需要。客观地讲，2012 版《全国医疗服务价格项目规范》发布后，各省反响不大，大多数省份并未做出调整。随着医疗新技术、新项目的应用，出现问题很多，焦点是如何合理收费。2018 年 5 月国家医疗保障局成立，承担起医疗服务价格管理职能。有些地方医保局出台了《公立医院医疗服务价格手册》。有综合医疗服务类、医技诊疗类、临床诊疗类、中医及民族医诊疗类四大类，所列服务项目采用五级分类法。与《全国医疗服务价格项目规范》内容基本相同，被称为医保局版，公立医院严格执行该版本内容。

三、全国医疗服务项目收费存在的问题

经过多年的努力和改革，我国的医疗服务价格管理工作取得了一定的成绩，但在建立科学合理、动态调整、体现医务人员技术劳务价值的医疗服务价格形成机制方面，仍存在不少突出问题，主要表现在以下几个方面：

第一，现行医疗服务价格项目过多过细，标准化程度不高，很多项目滞后医疗技术的发展，对医疗技术变化和

医疗服务改革创新的兼容性较差，不适应临床诊疗和价格管理需要，造成医疗机构不能收费或违规收费的困境。

第二，医用耗材打包在价格项目内收费，不利于体现技术劳务价值。这种方式实际上使物化成本成为推动价格的主要因素，难以充分体现技术劳务价值，不适应各自成本的变化规律，导致物耗与技术劳务价值以及不同医疗服务项目间的比价关系不合理，进一步扭曲了比价关系和医疗服务行为。

第三，医疗服务价格政策缺陷一定程度上导致了医疗卫生领域的逐利行为。由于体现技术劳务价值的收费项目价格偏低，药品、医用耗材、设备检查检验项目价格偏高，导致医疗机构收入结构比例不合理，同时，也造成了社会上群众普遍反映的"看病难、看病贵"问题。

一是自设项目收费。医院所有的收费都需要按照省级物价部门规定的项目和价格收取，无该项目就不能收费。

二是套用项目收费。有些科室对没有收费项目的服务或收费项目较低的服务，采取套用其他医疗服务项目价格收费。

1. 如常被套用的项目：编码130500007，名称冷热湿敷，价格3元/次。很多科室将不能收费的项目，通过套用该项目达到收费目的，其操作简单，且具有很大隐蔽性，不易被查出。

2. 特殊耗材价格的套用。在具体的临床服务活动中，由于具体原因，套用其他特殊耗材价格信息。(1) 耗材出库信息、收费价格信息与实物信息可能不同，造成临床科室物价员人为套用其他耗材信息计费；(2) 存在一部分耗材不是直接通过医院耗材库领取的，没有收费信息，只能套用相关耗材信息计费；(3) 实际工作中由于种种原因，耗材已使用，而采购信息滞后，造成套用其他耗材信息计费现象；(4) 该耗材本身就不在收费范围，科室为了降低成本，套取其他可收费耗材信息收费。

三是打包组合模板收费。按照物价政策规定，费用是按照项目计取。但是日常工作中，为医生下医嘱方便，把常规的检查、治疗等费用组合在一起，组成费用模板，只要医生用这个项目下医嘱，收费模板自动配套。如医嘱下常规脑电图检查，就会直接计费 166 元/次，其中包括特殊脑电图 59 元/次、脑地形图 68 元/次、脑电图录像监测 39 元/小时。这样会造成患者的经济负担，不是每个患者都需要套餐式检查。

四是不按医疗服务项目价格规定的计价单位收费。医院临床科室经常不按计费单位规定变相给患者多计费用。比如，中医治疗类项目电针 25 元/日，审计中发现往往按照一个穴位 25 元给患者计费。

五是重复收费。医院的计费归属是医嘱执行科室，但是常常会出现开单科室与执行科室重复计费的现象。如医嘱下经纤支镜治疗，患者所在科室物价员根据医嘱对经纤支镜治疗计费一次，由于该项治疗是在内镜室做的，内镜室物价员会在执行医嘱后计费一次，造成一个医嘱两次计费的问题。

六是不按项目内涵收费。手术中不能收取正常的护理费。比如，给非传染病区患者计取传染病护理加收 25 元/日，该项目内涵明确规定是在传染病房住院患者加收的护理费。但是临床其他科室对有乙肝的住院患者收取了该项费用，属于不规范计费行为。

七是过度检查收费。由于一些其他因素，医院中存在"过度治疗"现象，不该检查的项目让检查，检查一次就行的让检查多次。患者病例中，检查频次较多，检验费占比相对过高现象较普遍。

八是特殊耗材入口关把控不严导致的收费。医院不能严把特殊材料库的入口关，致使一次性使用医用耗材品种、品规增多、价格攀升，既增加了患者的负担，也增大了医院的运行成本。如白内障超声乳化手术，该手术收费项目价格标准的"除外内容"中无任何耗材，但是该手术使用的手术刀价格相对较高且一次使用数量较多的原因，医院将该一次性医用手术刀纳入特殊耗材，给患者加大了经济负担。

九是物价政策不合理导致的收费。物价规定的手术收费价格中包含术中必须使用的耗材价格不合理，也是一些耗材乱收费的借口。如耳鼻喉科手术鼓膜置管术收费价格440

元，包含术中使用的通气引流管 302.40 元不能单独收费。又如人工听骨听力重建术收费 1692 元/次，包含术中使用植入性的人工听小骨 5150 元也不能单独计费。经查询，省级阳光采购平台所公布的信息中，该耗材的价格都是 4000 元以上，致使临床科室为了考虑运行成本，往往套用其他耗材价格信息计费。

第四，专科医院受价格影响发展滞后。专科医院如肿瘤、儿童、妇幼、康复、精神卫生等在医疗服务价格形成机制、资源配置、政府与市场的关系等方面存在价格不能体现技术劳务价值等问题，以精神卫生专科为例：

一是心理治疗是指用心理学技术方法，通过语言或非语言方式，对患者进行治疗，以减轻或消除精神心理问题，心理治疗为精神卫生专科医院特有的治疗方式，是最能体现医生技术劳务价值和能力的精神障碍治疗手段之一，但恰恰也是医疗服务定价与技术劳务价值偏离最为严重的医疗服务项目。

二是能独立开展心理治疗的医生要经过专门的系统化培训，人才培养周期长、成本高。但医疗服务价格的现状是，一位主任医师开展一对一的心理咨询，每次 22 元，与社会其他行业相比差距巨大。

三是精神卫生专科技术劳务价格普遍偏低，也是长期以来影响精神卫生专科医院、公立医院精神卫生专科、基层精神卫生防治体系建设、精神卫生人才培养受阻的一个重要原因。

四是从医疗资源配置上来看，在当前的医疗服务定价机制下，一家综合性医院会把医疗资源配置在外科，会带来显著的运营收益，而很少有医院愿意在精神卫生科投入更多资源。

五是作为精神卫生科的医生，面对各类精神症状的患者，临床治疗的风险高，不确定性大，而收入却相对较低，不能体现其技术劳务价值。

有关专家建议：

首先，医疗服务价格应体现其技术劳务价值，倡导基于价值的补偿机制，在医疗服务项目、服务价格方面充分体现内涵，促进专科医院高质量发展。

其次，贯彻落实《深化医疗服务价格改革试点方案》，鼓励有意愿的医院参与医疗服务价格改革，深入探索有序的价格分类形成机制，合理体现专科医院、综合性医院、县市级医院、基层卫生院、社区卫生服务中心的医疗服务价格。

再次，优化医院收入结构，调动医务人员积极性。通过医疗服务价格调整、薪酬制度改革，充分调动医务人员的积极性、主动性和创造性，节约医保基金，为公立医院高质量发展奠定坚实的基础。

最后，处理好政府指导价格和市场调节价的关系。在基本医疗服务价格中政府要有所为，在非基本医疗服务价格中市场要有活力。

四、加强法治观念，规范医疗服务项目收费行为

法律是人民意志和利益的集中表达。规范医疗服务项目收费行为要从法律的角度去分析、思考、解决问题。医保物价从业人员要带头学法守法用法，自觉在法律范围内依法办事，维护宪法和法律的权威，为建设法治医保做出积极贡献。

1. 医院的物价管理部门必须严格遵守国家以及省、区、市颁发的法律法规、价格政策和制度规定，建立健全医疗服务价格管理制度和岗位职责，在实际工作中加以落实。

2. 医院领导高度重视，规范医疗服务收费行为。医疗收费关系到医院的经济利益，只有医院领导对价格政策的理解和支持，才能保证价格管理的有效落实。营造全员、全院、全行业关注和支持价格改革工作。

3. 医疗服务项目价格标准需要不断地修订和完善。医疗服务行为是一个相对复杂的过程，现行的医疗项目收费与临床需求均不能完全与之相匹配。相关的价格文件规定也较为宽泛，不够详细；现医疗项目价格不能体现医务人员的劳务价值。在具体执行中，常难以准确选择和确定，需要价格政策制定部门不断深入临床与医务人员调研完善，使之更符合临床医疗服务需要，更具有可操作性。

4. 医疗服务价格管理人员首先要政治觉悟高，工作原

则性强，有清正廉洁的工作作风；其次应考虑具有临床医学知识和医疗服务价格管理经验的人员，以便更好地发挥医疗服务价格管理职能。

5. 医院医疗服务价格管理人员需要不断学习国家价格政策、医疗服务价格业务知识，借鉴财务管理好的工作经验。

6. 加强对临床科室兼职物价员的集中学习，提升医疗服务价格政策文件的领悟力，及时纠正临床医生、护士不规范计费行为，从各个环节抓起、抓紧、抓出成效。

7. 筑牢法治观念，增强医务人员的自律意识。坚决杜绝自设收费项目和自设收费项目组合。如临床医疗服务需要组合成费用模板的，必须经过使用科室申请，医院价格委员会讨论通过，医院办公会审核批准后，才能使用费用模板。

8. 从耗材管理入手。随时核查耗材库的入库、出库、进销存记录，将耗材库出库数量与二级库领取数量核对、二级库可收费耗材出库数量与给患者的计费数量核对后，方可计费使用。

9. 从门诊收费的异常情况查起。对计费异常的临床科室收费项目重点核查实际诊疗项目与对应的诊疗收费项目是否相符。

10. 对住院患者收费进行全程适时监控。抽查患者病历，确定医嘱与收费项目内涵是否相符。严格按照医疗服务价格管理规定内容对比核查，规范临床收费行为。

医疗服务项目价格收费不仅关系到人民群众的健康权益，也关系到医院的生存与发展；不仅体现着国家的价格政策，而且与每个社会成员、每个家庭的切身利益息息相关。所以说，新时代规范医疗服务项目价格收费行为意义重大，助推新时代公立医院高质量发展。

五、医疗服务价格改革方向

面对医疗服务价格存在的问题，医疗服务价格改革的呼声由来已久，历经十多年医改探索，目前时机已趋成熟。公立医院和医务人员不仅是健康中国建设的主力军，也是守护国家安全、人民生命的重要战略资源，深化医疗服务价格改革的紧迫性陡增、意义重大。

一是优化医院收入结构，调动医务人员积极性。以福建省三明市为例，2012 年至 2021 年，三明市先后 9 次调整医疗服务价格共 8421 项（次），其中调高 6966 项（次），调低 1455 项（次）。医疗医药服务总收入由 2011 年的 16.9 亿元上升至 2020 年的 31.5 亿元。通过价格调整，三明市医疗服务收入累计增加 60 亿元，在岗职工平均薪酬收入由 2011 年的 4.2 万元提高到 2020 年的 13.4 万元。同期，三明市卫生系统卫生技术人员调离 215 人，解聘 1109 人，招聘引进 4906 人。通过医疗服务价格调整、人力资源薪酬制度改革，三明市走出"巧妇难为无米之炊"的困境，充分调动了广大医务人员的积极性、主动性和创造性，节约了医保基金，减轻了患者个人负担，为公立医院的高质量发展奠定了基础。

二是完善价格项目编制规范，引导价格合理回归。在药品零差率、高值耗材集采等政策的背景下，"大检查"很快成为"以检养医"的突出现象。究其原因，是由于我国临床检查、检测、化验类服务价格项目"技耗"不分，项目边界内涵不清晰，甚至物耗占比及价格影响更大，技术服务价值被"淹没"，一些技术性强、专业度高、劳动量大的医疗服务项目价值难以体现。而完善价格项目编制规范，有利于引导价格合理回归。

三是合理确定医疗服务价格总量，促进公立医院可持续发展。基本医疗卫生服务是属于重要的公益性服务，而提高医疗卫生为人民服务的质量和水平，必须加强对医疗服务价格的宏观管理，平衡医疗事业发展的需要与各方的承受能力，在全国价格总水平和医疗服务价格总量范围内突出重点、有升有降，确保群众负担总体稳定、医保基金可承受、公立医院高质量发展可持续。

四是完善政府管理定价决策的相关制度。为提高政府价格决策的科学性、民主性、规范性、公平性和透明度，执行好集体审议制度、专家评审价格制度、政府制定价格听证制度。听取临床医生、医院领导、物价和医保管理者的意见和建议，通过行业协会或相关的组织协商谈判，按照服务产出为导向、医疗人力资源消耗为基础、技术劳务和物耗分开的原则，制定国家价格项目编制规范，再确立价格项目的收费标准。

落实好《深化医疗服务价格改革试点方案》，通过 3 至 5 年的试点，探索形成可复制可推广的医疗价格改革经验。到 2025 年，深化医疗服务价格改革试点经验向全国推广，健全医疗服务价格项目进退机制，完善定调价规则，发挥价值医疗补偿机制，提高价值医疗和价值医保的服务水平。

第三节　医保飞行检查中查处的收费问题

医疗保险基金是人民群众的"保命钱"，是医保制度运行和可持续的物质基础。2018 年 11 月 14 日，央视"焦点访谈"栏目曝光了沈阳市两家医院恶意骗保案，该事件引发了众多媒体持续关注报道，在社会上产生强烈反应，也引起国家高层领导的高度重视并指示严肃查处。2018 年 11 月 21 日，国家医保局召开打击欺诈骗取医疗保障基金专项行动发布会，决定开展打击欺诈骗取医疗保障基金专项行动，重点查处医疗机构套取医保基金、虚记或多记医疗服务费用等行为。自 2018 年至 2021 年，四年来，国家医保局对定点医药机构开展了总计超过 240 万家次的检查，对其中近 110 万家次做出了处理，累计追回医保基金 583 亿元，以零容忍态度严厉打击欺诈骗保违法行为。

一、2021 年度医保基金飞行检查结果

2021 年度，国家医保局、国家卫生健康委、国家中医药管理局联合对全国 29 个省份的 68 家定点医疗机构医保基金使用情况开展飞行检查工作，其中三级医院 29 家、二级医院 15 家、一级医院 22 家、医养结合机构 2 家。

（一）在定点医疗机构医保管理方面

主要存在三个方面的问题：

一是医院管理不规范。主要表现为医保卡管理混乱，如住院处存放已出院病人医保卡，住院处医保患者信息更新不及时等。

二是制度管理落实不到位。主要表现为医疗机构对依法依规使用医保基金认识不足，或者没有专门机构及人员负责医疗保险基金使用管理工作，内部管理制度不健全、不严密、常态化自查自纠不深入，违规使用医保基金时有发生。

三是病案管理不规范。主要表现为医院为参保人员建立的治疗档案不完整，无临时医嘱单，部分记录单没有医师签名等。

（二）在医保基金违法违规使用方面

主要存在六个方面的问题。

一是重复收费、超标收费、分解项目收费。被检查的 68 家定点医疗机构中 59 家存在此类问题，涉嫌违法违规金

额 1.5 亿元。

二是串换药品、医用耗材、治疗项目。被检查的 68 家定点医疗机构中 50 家存在此类问题，涉嫌违法违规金额 9646 万元。

三是违反诊疗规范过度诊疗、过度检查、超量开药、重复开药。被检查的 68 家定点医疗机构中 45 家存在此类问题，涉嫌违法违规金额 8531 万元。

四是将不属于医保基金支付范围的医药费用纳入医保基金结算。被检查的 68 家定点医疗机构中 52 家存在此类问题，涉嫌违法违规金额 7014 万元。

五是分解住院、挂床住院。被检查的 68 家定点医疗机构中 14 家存在此类问题，涉嫌违法违规金额 270 万元。

六是被检查的 68 家定点医疗机构中 54 家存在超医保支付限定用药、无资质开展诊疗服务、药品耗材进销存不符、虚记收费以及其他不合理收费等问题，涉嫌违法违规金额 9794 万元。

从以上公布结果可以看出，医疗服务收费问题十分严重。

二、违法违规使用医保基金的法律责任

2021 年 3 月 19 日，国务院印发《医疗保障基金使用监督管理条例》（国务院令第 735 号，自 2021 年 5 月 1 日起实施）。这是我国第一部关于医保基金监管的行政法规，对医

保基金使用、监管做到有章可循、有法可依。从国家医保局公布 2021 年医保基金飞行检查结果可以看到，国家医保局是依法检查、依法处理。《医疗保障基金使用监督管理条例》对医保基金违法违规使用做出了明确的法律规定。该条例共五章五十条。第四章法律责任中，第三十八条内容如下：

　　定点医药机构有下列情形之一的，由医疗保障行政部门责令改正，并可以约谈有关负责人；造成医疗保障基金损失的，责令退回，处造成损失金额 1 倍以上 2 倍以下的罚款；拒不改正或者造成严重后果的，责令定点医药机构暂停相关责任部门 6 个月以上 1 年以下涉及医保基金使用的医药服务；违反其他法律、行政法规的，由有关主管部门依法处理：

　　（一）分解住院，挂床住院；

　　（二）违反诊疗规范过度诊疗、过度检查、分解处方、超量开药、重复开药或者提供其他不必要的医药服务；

　　（三）重复收费、超标准收费、分解项目收费；

　　（四）串换药品、医用耗材、诊疗项目和服务设施；

　　（五）为参保人员利用其享受医疗保障待遇的

机会转卖药品，接受返还现金、实物或者获得其他非法利益提供便利；

（六）将不属于医疗保障基金支付范围的医药费用纳入医疗保障基金结算；

（七）造成医疗保障基金损失的其他违法行为。

三、违法违规使用医保基金的负面清单

（一）病理检查类违法违规行为

1. 将"普通病理会诊"按"疑难病理会诊收费"。

问题定性：串换诊疗项目收费。

说明："疑难病理会诊"需由高级职称病理医师主持的专家组会诊，且以四张切片为基价。

2. 将开展"手术标本检查与诊断"进行石蜡包埋时使用塑料盒子，对照为"塑料包埋加收"收费。

问题定性：串换诊疗项目收费。

说明："塑料包埋加收"指病理检查中采用树脂包埋技术。

3. 开展"淋巴亚群相对计数检测"时，收取"显微摄影术、细胞学计数、免疫组织化学染色诊断"费用。

问题定性：串换诊疗项目收费。

说明："淋巴亚群相对计数检测"属于收费项目编码为25 的检验类项目"，"显微摄影术、细胞学计数、免疫组织

化学染色诊断"属于收费项目编码为 27 病理类检查项目，两者不能混合收费。

4. 开展收费项目编码为 25 类"骨髓和血液检查"时，收取"病理图文报告、显微摄影术、病理体视学检查与图像分析"等费用。

问题定性：串换诊疗项目收费。

说明："病理图文报告、显微摄影术、病理体视学检查与图像分析"属于收费项目编码为 27 病理类检查项目，两者不能混合收费。

5. 开展"化学药物用药指导的基因检测"时，对照为"印迹杂交技术""原位杂交技术"等收费。

问题定性：串换诊疗项目收费。

说明：开展"化学药物用药指导的基因检测"将先进基因检测技术串换成较原始的"印迹杂交技术""原位杂交技术"收费。

6. 从第二块蜡块开始收取"手术标本检查与诊断蜡块加收、全自动染色封片加收"。

问题定性：重复收费。

说明：应以两个蜡块为基价，超两个蜡块收取该费用。

7. 将非特异性感染标本加收"特异性感染标本加收"费用。

问题定性：重复收费。

说明："特异性感染标本加收"指开展结核、肝炎、梅毒、艾滋等特异性感染组织或器官标本检查时收取该费用，并且该费用属于项目编码为"2704 冰冻切片与快速石蜡切片检查与诊断"子项目。

8. 一例手术收取"手术标本检查与诊断"费用的同时，加收"局部切除组织活检检查与诊断"费用。

问题定性：重复收费。

说明："手术标本检查与诊断"与"局部切除组织活检检查与诊断"为"组织病理学检查与诊断"收费项目中并列的收费子项目，不可混合收费，应根据实际开展的项目收费，"局部切除组织活检检查与诊断"包括切除组织、咬取组织、切除肿块部分组织的活检。

9. 开展"手术标本检查与诊断"时，按标本大小或数量收费。

问题定性：重复收费。

说明：按照医疗服务项目规定，"手术标本检查与诊断"应按 "例"收费。

（二）手术类违法违规行为

1. 使用等离子体手术系统开展手术时，收取"关节镜加收"（乙类)+耗材"等离子刀头（乙类)"费用。

问题定性：串换诊疗项目收费。

说明：按照医疗服务项目规定，"3315-a 等离子体手术系统加收"含关节镜使用，且收费等级为丙类。

2. 开展"乳房脓肿切开引流"时，对照为"深部肿物切除术"收费。

问题定性：串换诊疗项目收费。

说明：按照医疗服务项目规定，"深部肿物切除术"指深达肌肉层以下"脓肿切开引流术"，含体表、软组织感染化脓切开引流，两者不能混淆收费。

3. 开展骨科手术时，将手术过程中"收集碎骨，在骨折处填充骨填充剂"的行为，对照成"骨移植术"收取费用。

问题定性：串换诊疗项目收费。

说明："骨移植术"包括自体、异体软骨移植术。除外内容为"异体骨、煅烧骨、人造骨"。

4. 开展子宫内膜息肉切除时，将"宫颈息肉切除术"，对照成"经宫腔镜子宫内膜剥离术"收费。

问题定性：串换诊疗项目收费。

说明："宫颈息肉切除术"包括子宫内膜息肉、宫颈管息肉，宫颈病灶活检术、宫颈赘生物切除术。

5. 开展"腰大肌脓肿切开引流"时，对照为"经皮腹腔引流术"收费。

问题定性：串换诊疗项目收费。

说明："腰大肌脓肿切开引流"与"经皮腹腔引流术"项目内涵不同，应按实际开展手术收费。

6. 开展手外伤"小动脉"吻合术时，对照为"肢体动静脉修复术"收费。

问题定性：串换诊疗项目收费。

说明："小动脉吻合术"包括指、趾静脉吻合。

7. 开展环状混合痔手术过程中，将"直肠括约肌扩张松解"对照为"直肠狭窄扩张术"收取费用。

问题定性：串换诊疗项目收费。

说明：按照医疗服务项目规定，"直肠狭窄扩张术"是指医生对确诊直肠狭窄的患者使用手指或者扩张器反复扩大，与"直肠括约肌扩张松解"不同，且"直肠括约肌扩张松解"为环状混合痔手术的一个步骤。

8. 开展产科、妇科手术时，常规收取"盆腔粘连分离术"。

问题定性：重复收费。

说明：实际手术中大部分患者不存在盆腔粘连或者仅轻度粘连。

9. 开展"甲状腺癌根治术""甲状腺次全切除术"等甲状腺手术时，加收了"喉返神经探查术"费用。

问题定性：重复收费。

说明：按照医疗服务项目规定，喉返神经探查是甲状腺手术中的一个步骤，费用已包含在手术费中。

10. 开展胸部手术时，收取主要手术费用的同时，又收取"胸腔闭式引流术"费用。

问题定性：重复收费。

说明："胸腔闭式引流术"是手术中的一个步骤，费用已包含在手术费中。

11. 开展腹部手术时，收取主要手术费用的同时，将手术中"放置引流皮片或者引流管"的过程按照"腹腔引流术"加收费用。

问题定性：重复收费。

说明：按照医疗服务项目规定，"放置引流皮片或者引流管"与"腹腔引流"项目内涵不符，且"放置引流皮片或者引流管"不得单独收费。

12. 开展"经××镜××术（手术）"时，在收取手术费的同时又收取"微创手术加收"和"各种镜加收"费用（关节镜、宫腔镜、鼻窦镜、膀胱镜、喉镜、电子显微镜、纵隔镜等）。

问题定性：重复收费。

说明：按照医疗服务项目规定，凡名称"经××镜××术（手术）"的，不得加收"微创手术加收"和"各种镜加收"。

13. 开展食管癌根治术时，收取主要手术费用的同时，加收"胃（肠）代食管术"费用。

问题定性：重复收费。

说明：按照医疗服务项目规定，胃（肠）代食管术为食管癌根治术中步骤，已包含在手术费用中。

14. 开展关节镜下半月板手术时，收取"膝关节清理术"的同时又收取"持续关节腔冲洗"。

问题定性：重复收费。

说明：按照服务项目规定，"关节腔冲洗"是"膝关节清理术"的必要步骤。

15. 开展"经皮冠状动脉内支架置入术"时，同时收取"经皮冠状动脉内支架置入术"和"经皮冠状动脉腔内成形术"费用。

问题定性：重复收费。

说明：按照医疗服务项目规定，"各类支架置入术均含扩张"。

16. 开展经血管介入治疗，另行收取局部浸润麻醉、穿刺、注射、置管等费用。

问题定性：重复收费。

说明：按照医疗服务项目规定，"经血管介入诊疗"含局部浸润麻醉、穿刺、注射、置管。

17. 开展一次手术时，已收取具体手术费用，又套餐式收取"××探查术"费用。

问题定性：重复收费。

说明：按照《关于规范全省定点医疗机构部分医疗服务项目收费行为的通知》规定，开展各类探查术，仅适用于术前诊断不明确或手术中无法完成原定手术而中断的手术，不得与其他手术项目同时收费。

（三）心电、超声检查类违法违规行为

1. 开展"动态心电图"检查时，同时又收取"计算机图文报告"费用。

问题定性：重复收费。

说明："计算机图文报告"属于超声和内镜检查中图像记录附加收费项目。

2. 开展"常规心电图检查"时，收取"计算机图文报告"或"彩色一次成像波拉照片"。

问题定性：重复收费。

说明："计算机图文报告"或"彩色一次成像波拉照片"属于超声检查中图像记录附加收费项目。

3. 开展"四肢血管彩色多普勒超声检查"时，按"血管条数"收费。

问题定性：重复收费。

说明：按照医疗服务项目的规定，应按"肢"收费。

4. 开展甲状腺、乳腺等部位的"浅表器官彩色多普勒超声检查"时，存在费用多收现象。

问题定性：重复收费。

说明：按照医疗服务项目规定，"浅表器官彩色多普勒超声检查"计价部位分为：①双眼及附属器；②双涎腺及颈部淋巴结；③甲状腺及颈部淋巴结；④乳腺及其引流区淋巴结；⑤上肢或下肢软组织；⑥阴囊、双侧睾丸、附睾；⑦颅腔；⑧体表包块；⑨关节；⑩其他。

5. 开展"床旁彩超检查"时，既收取"220201002 B 超常规检查"费用，又收取了"220201008 床旁 B 超检查"费用。

问题定性：重复收费。

说明：医疗服务项目规定，不得与"B超常规检查"（220201002）重复计价。

6. 开展颈部或四肢血管彩色多普勒超声检查时，同时收取"血管彩色多普勒超声检查"和"浅表器官彩色多普勒超声检查"两项费用。

问题定性：重复收费。

说明："血管彩色多普勒超声检查"和"浅表器官彩色多普勒超声检查"为"彩色多普勒超声检查"项目中并列子项目，应按照实际检查项目收取费用。

7. 开展"四肢血管及颈部血管彩超"时，既收取"四肢、颈部血管彩色多普勒超声"，又套餐收取了"多普勒血管图"费用。

问题定性：重复收费。

说明：应遵照医嘱合理开展检查。

8. 开展超声检查时，收取"计算机图文报告"后，又加收"彩色打印照片"费用。

问题定性：重复收费。

说明：按照医疗服务项目规定，两个项目都是图像记录附加收费的子项，不能重复收费。

9. 开展"心脏彩色多普勒超声"检查时，既收取"心脏彩色多普勒超声"费用，同时加收"普通心脏M型超声检查""普通二维超声心动图"费用。

问题定性：重复收费。

说明："普通心脏 M 型超声检查""普通二维超声心动图"是指使用黑白超声仪开展的检查，不应被看作进行心脏彩色多普勒超声检查的一个步骤。

10. 开展普通脑电图检查时，既收取了"脑电图"费用，又加收了"特殊脑电图"费用。

问题定性：重复收费。

说明："特殊脑电图"指开展蝶骨、鼻咽电极等非常规脑电图检查。

11. 开展"常规心电图检查附加导联加收"时，按附加的导联个数收费。

问题定性：分解项目收费。

说明：按照医疗服务项目规定，应按"次"收费。

12. 开展超声引导下的诊疗项同时。收取"××穿刺术"费用的同时，加收"皮下组织穿刺术"费用。

问题定性：分解项目收费。

说明："皮下组织穿刺术"含活检，包括浅表脓肿、血肿穿刺。

13. 开展乳腺彩超检查时，将"浅表器官彩色多普勒超声检查"对照为"彩色多普勒超声常规检查"收费。

问题定性：串换诊疗项目收费。

说明："浅表器官彩色多普勒超声检查"与"彩色多普勒超声常规检查"均为医疗服务项目"彩色多普勒超声"

检查大类中并列子项，计价部位不同。

14. 开展常规心电图检查时，收取"心电事件记录"费用。

问题定性：串换诊疗项目收费。

说明："心电事件记录"需配备心电事件记录仪。

（四）临床诊疗类

1. 超时间收费

单次住院期间，按"小时"计费的监测项目收费时长大于实际住院天数×24。

举例：心脏病患者 A，2021 年 3 月 10 日至 3 月 20 日住院 10 天，住院期间进行心电监测，医疗机构计费时长为 280 小时，超出时长=280-10×24=40（小时）。此种情况属于超时间收费。

根据《陕西省医疗服务项目价格》规定：心电监测、血氧饱和度监测、遥测心电监护，按"小时"为单位计费，住院期间收取数量应小于或等于实际住院天数×24。

合理收费：住院期间心电监测收费时长应遵医嘱，按患者实际使用时长收取。

2. 超标准收费

（1）单次住院期间，持续有创性血压监测超过 24 小时收全费。

举例：心肺疾病患者在住院期间，持续有创性血压监测40 小时，超过 24 小时的 16 小时，医疗机构按全费收取。

此种情况属于超标准收费。

根据陕西省物价局、陕西省卫生和计划生育委员会、陕西省人力资源和社会保障厅《关于2018年新增和修订部分医疗服务项目价格的通知》(陕价服发〔2018〕81号),持续有创性血压监测超过24小时按50%收费。

合理收费:持续有创血压监测超过24小时按50%收费。

(2) 脉冲激光治疗超过限定面积,仍按"次"计费。

举例:某患者因鲜红斑痣住院治疗,治疗面积为5cm²,医疗机构按次收费,共收取5次费用,共计500元。此种情况属于超标准收费。

根据《陕西省医疗服务项目价格》规定:脉冲激光治疗按"次"计费指面积≤1cm²,超过加收(三级医院脉冲激光治疗加收计价单位为50元/cm²)。

合理收费:本次激光治疗费用为100元/次+(50元/cm²×4)=300元收取。

3. 串换收费

(1) 导乐分娩收取椎管内麻醉费用。

举例:患者单胎顺产住院,医疗机构实际提供项目为导乐分娩诊疗,但按照椎管内麻醉收费并纳入医保支付。此种情况属于串换收费。

合理收费:应按导乐分娩收费标准进行收费。

(2) 磁疗收取经颅重复磁刺激治疗费用。

举例:中医理疗科患者在住院期间,医疗机构使用磁疗机为患者开展治疗，实际收取经颅重复磁刺激治疗费用。此种情况属于串换收费。

合理收费：收取磁疗费用。

四、医疗服务违规收费原因分析

总结 20 多年来的医疗服务价格改革政策，可以发现中央政府政策往往提原则和方向多、具体切实可行的落地内容少，一些根本或基本，如"特需医疗服务""政府指导价"与"市场调节价"，该领域的政府职能与医院的自主性等，实际上一直模糊不清。地方政府主管价格部门在执行中就出现了各种各样的情形，一是原则和方向的内容无法落实，二是自主性的内容形形色色。分析其原因主要表现在以下几个方面：

第一，价格项目过多过细，标准化程度不高，难以监测比较，方便了医疗机构内部财务管理，但加大了临床的实施成本和价格主管部门的管理成本，与群众的就医感受和需要也是脱节的。

第二，对临床医学变化和技术进步的兼容性太差，价格项目与具体临床操作过程相捆绑，临床操作的部位、步骤、方法稍有改变，就可能找不到对应的价格项目，陷入不能收费或违规套收的困境。

第三，项目内涵表述不清，强调将医用耗材打包在价格项目内进行收费，不利于体现技术劳务价值。初衷是引导医院主动控制医用耗材成本，但这种方式实际上物化成本成了推动价格的主要因素，难以充分体现技术劳务价值，也不适应各自成本的变化规律。特别是当医用耗材出现技术垄断、价格高时，医院对控制医用耗材价格无能为力。需要其他项目收入交叉补贴，进一步扭曲比价关系和服务行为。

第四，医疗服务价格政策的结构存在问题，因而导致医疗机构收入结构不合理：药品、设备检查、检验、医用耗材收入所占比例高，医疗服务部分严重亏损，尤其是技术劳务费价格偏低。

第五，缺乏科学的医疗服务价格制定机制，虽然个别地区形式上实行价格听证会制度，但医疗服务价格的制定，既缺少医疗机构、相关行业组织和广大群众的积极参与，也不能反映医疗服务的真实成本。

第六，医疗服务价格动态调整不及时，周期太长，新增临床项目和新技术价格申报时间过长，限制了医技临床科室对患者的应用，只能靠挂、套收医疗服务价格收费。

临床医学是复杂的科学，建立符合中国国情的医疗服务价格形成机制，动态调整机制，需要熟悉相关临床医学专家、医疗服务成本与价格、医疗保险管理等专业人员参与，需要知识、智慧和科学方法，不能搞一刀切。需要社会各方面合作，从源头上杜绝多收费、乱收费行为，增强医疗服务价格改革的系统性、整体性、协调性，形成综合效应。

第四节　医院完善医疗服务收费的措施

医疗服务价格是医疗服务价值的体现，医疗服务价格（收费）政策作为医疗服务经济补偿和管理的重要手段，是医药卫生体制改革的重点与难点，也是社会关注的热点。医疗服务价格（收费）直接影响着医疗机构和医务人员的服务行为，并对费用控制、医疗服务和医保服务质量产生明显的导向或制约作用。

第一，自觉接受医保飞行检查和价格收费监管。不要有抵触情况，而是把它看作是借助外部力量，规范医疗服务行为，调整收入结构、转变发展方式，实现合理合规补偿的重要途径。医院要认真对待政府部门的专项检查、飞行检查，做好迎检动员，对检查中发现的问题认真分析，找查根源，并能举一反三，改进业务流程和完善内部管理制度。只有端正态度，虚心接受批评，才能使医院价格（收费）管理走上精细化、规模化、科学化轨道，医院运营才能进入持续、安稳、良性发展的模式。

第二，积极与政府监管部门进行沟通，反馈问题。医院要积极与检查组进行沟通、协调，配合提供相关文件资料，对检查人员发现的疑似违规收费问题提供辅助说明材料，对检查组反馈的真实问题单据，认真进行结果分析、限期整改、以点带面、持续改进。让专项检查、飞行检查成为倒逼医院管理层重视并加强内部价格（收费）管理的契机。只有做好价格行为自我约束，靠提供适宜的体现技术难度、技术价值、风险程度的技术服务获取合理补偿，而非过度医疗、单纯增加服务量和不合理收费进行创收，才能让医院经济运营阳光稳健，取得成效。

第三，培养造就能胜任价格（收费）管理岗位的人才队伍。价格管理专职人员要树立医疗业务活动与物价管理融合观念，主动深入临床，了解医疗服务过程。采取举办培训班、现场指导、专科互查等多种形式，提升兼职价格管理员的业务技能，使其准确理解价格政策，以便计费、开展价格自查自纠。从服务提供环节、质量控制等各个环节杜绝不合理收费，发现屡教不改的人员及时上报院领导和主管部门，按照相关制度予以处罚。

第四，促进医疗服务项目收费规范化和标准化。要教育一线医务人员重视价格收费监管行动，要主动适应医生工作站、护士工作站嵌入的医疗服务智能监管系统实时提醒、事前提醒、事中告诫、事后监管等信息技术功能。医务人员要熟悉医疗服务智能监控系统对违规收费判定的逻辑规则，关注监管部门对重复收费、分解收费、串换或套用项目收费等表面显性违规行为的处罚，从医药费用发生源头重视医嘱开立和执行，杜绝无医嘱计费、医嘱与计费不符等现象，做到合规合理收费。

第五，不断提升医保价格从业人员的素质。价格政策的执行和实际工作操作都是靠医保价格管理者和临床科室物价专管员来落实的，作为医保价格管理者和物价专管员必须具备以下素质：

一是要有强烈的事业心。价格管理工作具有政策性强、专业化程度高、涉及医疗服务广的特点，医保价格管理从业人员只有具备高度的事业心，才能刻苦钻研、认真细致地做好价格管理工作。

二是要有丰富的知识和经验。价格问题涉及方方面面，要求从业人员既要有理论知识，又要有实践经验，既要有医学知识、价格知识、信息知识以及沟通知识，同时还要全面了解国家有关的法律法规、医保政策等。这就要求价格从业人员不断开拓知识面，注重实操，积累经验，做好价格管理工作。

三是要有扎实的基本功。申报新增医疗服务项目和价格工作政策和技术要求严格，也是医院医保物价部门必须要做的一项工作。这就要求价格从业人员要善于调查研究，掌握第一手资料，并运用价格学、经济学、临床医学等理论分析，做出科学的判断。掌握成本测算技术和价格定量分析技能，只有掌握这些基本功，才能准确、熟练地运用价格知识和相关理论，解决不同价格问题。

四是要有牢固的法律政策观念。医保价格从业人员要筑牢价格法律法规和规章意识，严格执行价格政策，维护国家、医疗机构、参保人员的利益，这是保证医疗服务行为、医疗保险基金监管行为合法性、合理性的基础。

总之，医疗服务价格（收费）既涉及群众切身利益，又涉及医院的生存、发展，还涉及政府形象。随着公立医院综合改革的深入，医疗服务价格管理受到政府部门的空前关注，而药品和耗材加成取消后，医院收入来源渠道变窄、控费和运营补偿压力加大，迫切需要医院开源节流，将医疗服务价格产生的收入作为补偿重要来源，关注医疗质量、医疗技术收入含金量，调整收入结构，提高医疗服务性收入占比。从事关群众利益的收费价格入手，完善申报新增医疗服务项目和价格工作制度、流程，减轻群众不合理医疗费用负担，让合理检查、合理治疗、合理用药、合规收费政策落地见效，树立医院诚信经营的良好形象。

第五章 医疗服务项目价格申报

医疗服务项目价格申报应遵循"价格反映价值"的基本原则，只有在医疗服务的价格和价值趋于吻合、不同医疗服务机构间的比价关系相对合理的前提下，医疗服务的供给侧发展才会更为协调。医疗服务价格的合理、到位，对于医院、患者、医保都将是利好，特别是在价格申报过程中，应当根据临床诊疗规范、医疗器械管理规范等相关政策进行合理申报，以促进诊疗技术发展，更好地服务于人民群众的健康需求。

第一节 项目价格申报的原则和程序

医疗机构申请医疗服务价格时应执行国家和省、区、市价格管理部门的有关政策规定，遵循医疗服务价格申报原则和程序进行申报。

一、医疗服务项目价格申报的原则

医疗服务项目价格申报应坚持统筹兼顾、分类管理、科学确定、动态调整的医疗服务价格形成机制。按照服务产出为导向、医疗人力资源消耗为基础、技术劳务与物耗分开的原则，科学合理确定医疗服务项目价格。

（一）及时性原则

近年来随着我国医疗技术发展的日新月异，医疗服务价格申报工作随之要求具有时效性，对医疗机构新增的医疗项目应做到三个及时，即测算及时、报送及时、传递及时，以保障医疗机构更好地开展医疗工作。

（二）真实性原则

医疗服务价格申报在成本测算中应以操作项目时的实际消耗为依据，即如实对所申报医疗项目操作过程中涉及的实际操作时间、操作人数以及消耗材料等信息进行统计测算，力求做到数字准确、内容真实、资料齐全。

（三）实用性原则

能够应用于临床医学上的诊疗技术和服务项目必须具有可操作性，拟申报的临床医疗项目都必须先经过申报所在地卫生部门所属医学技术管理委员会、医学伦理委员会审核通过，即申报的项目需具有安全性、可行性、社会效益性。

（四）重要性原则

在申请项目价格的成本测算工作中，应当把注意力集中在成本消耗的重要事项上，如人员经费、消耗用品、使用大型设备等方面，对于数额微少且很难测算的消耗及事项可以估算或省略。

二、医疗服务项目价格申报的程序

医疗服务项目价格的申报程序应当严格遵循申报所在地颁布的相关文件政策执行，笔者以××省价格管理政策为例对申报医疗服务项目价格程序进行讲解：

1. 明确申报项目。有申报需求的医疗机构可以根据申报项目的内涵在《全国医疗服务价格项目规范手册》范围内进行索引，《手册》内所列示的医疗服务项目以及在临床诊疗过程中的新增技术、治疗手段或方法、临床检查项目原则上都可以进行价格申报。医疗机构所申报的医疗项目应体现其技术先进性、社会效益性、经济合理性，符合社会的需求并利于基本医疗服务的开展要求。

2. 填写申报表。医疗机构申报医疗服务项目价格时应按照规范步骤在申报机构所在地价格管理部门编制的制式申请表格中进行完整填报，基本信息囊括：规范名称（包括项目简称或英文缩写）说明、项目编码、类别、内涵、临床意义、适用范围、医学操作原理、可能产生的副作用、操作管理规范、相关质量标准、国内同行业（或国际同行）参考价格资料、其他可能需要进行说明介绍的事项等。

3. 进行成本测算。申报项目测算过程中应以项目操作时的实际消耗为依据，如实反映项目操作人员的数量、人员经费、项目操作时长、使用的大型设备摊销以及操作过程中消耗的医用耗材等内容，具体涵盖：操作人数、操作人员劳务费用、卫生消耗材料费、消耗的低值易耗品、大型设备折旧、设备维修、医疗机构发生的间接费用、财政专项补贴、其他可计算消耗等，以上内容据实测算填报后可依据成本合计数拟定申报价格。

4. 上报主管部门待审批。医疗项目申报材料齐全后，需报上级主管部门进行审批，待审批通过后医疗机构方可执行收费。

三、医疗服务项目价格申报的范围

申报新增诊疗服务价格项目，应属于医疗服务范围并符合法律法规及政策规定，尚未列入全省统一诊疗服务价格项目目录，经验证能提高诊疗效果或满足群众多样化健康需求，体现技术先进性、经济合理性。

对于新增医疗服务项目价格的申报，需要特别注意，以下情形不属于新增医疗服务价格项目申报范围：

1. 非医疗服务，包括教育培训、科研随访、数据处理、运输储存、资料复制、便民服务、生活照料、精神慰藉、养生保健等。

2. 虽属于医疗服务，但服务和收费的性质属于公共卫生服务、行政事业性收费、经营服务性收费或医疗机构代收费。

3. 虽属于医疗服务，但仅发生于医疗机构之间、医疗机构与其他机构之间，不直接面向患者的服务项目。

4. 医疗机构维持正常运转需要对外购买的服务、能源动力项目等。

5. 临床试验阶段，技术尚不成熟的项目。

6. 拆解、拼接、组合全省统一诊疗服务价格项目的项目。

7. 虽使用新技术、新设备、新试剂等，但其目的、价格构成与《诊疗目录》内的项目一致，其效果无明显提高，成本差异较大，不符合卫生经济学要求的。

8. 已由相关职能部门取消或废止的项目。

9. 违反国家和省级现行法律法规和有关政策规定的项目。

第二节　项目价格申报的成本测算

医疗服务项目成本主要由人员劳务费用、一次性卫生消耗材料、低值易耗品的消耗、大型设备折旧、设备的维修、医疗机构间接费用、财政专项补贴、其他可计算消耗等组成。

一、人员劳务费用

劳务费用指完成申报项目所需的各类医务人员报酬总和。操作人员按职能不同分为医生、护理、技师三类，通常以申报地区医疗机构中同类别、同职称人员的上一年度税前平均薪酬数（工资+福利额）为基准折合到小时薪酬进行测算。

计算公式：

劳务费用=上年度同类别同职称人均薪酬÷（12个月×22天×8小时)×操作人员人数×操作工时

注：操作设备工时计算以各操作小组人员独立完成一个申报项目后所用的实际平均执行时间为基准，参考依据可按照项目额定的标准工作量、设备额定满负荷持续运行、设备项目本身技术特性来进行核定。

二、卫生材料费

卫生材料费指申报项目在操作过程中所必需使用的不允许向患者收费的一次性耗材。分为如下两类情况，一是主要指在申报项目的诊疗操作及活动开展过程中应当正常使用的一次性消耗材料，例如：一次性注射器、一次性输液器、骨穿针刀等，这类耗材可以按照实际用量直接计入成本。二是临床在一个申报项目操作治疗全过程中所用的可直供多人所共同选择使用的药品（不含患者处方独立领取的药品）以及其他一次性消耗品，例如：眼科手术在眼部检查治疗时必须的阿托品、诊疗操作过程中必需的各种局麻药品、检测分析试剂、超声耦合剂、一次性尿杯等，这类耗材可按照采购成本计算出单位价格，然后按照申报项目操作时的实际用量计算成本。

计算方法：

卫生材料费=∑消耗材料单价×数量

三、低值易耗品

低值易耗品指在项目操作过程中消耗的价格较低可重复使用的且不能收费的非一次性消耗材料。例如：手术巾、治疗巾、床单、铺单、治疗单、手术钳、治疗盘、锐器桶、弯盘、便壶、止血带等。

低值易耗品在成本测算中通常采用平均分摊法，即先确定低值易耗品在常规操作下的使用次数，再将低值易耗品的采购成本按照使用次数平均分摊纳入项目成本中进行测算。

计算公式：

低值易耗品费用=∑（低值易耗品采购价格÷使用次数）

四、设备折旧

设备折旧费指在申报项目操作中所使用的设备（仪器），对照《医院财务制度》中固定资产（设备）折旧表规定的使用年限，折算出设备使用寿命（小时）后，将购置设备总额折算成小时成本进行测算。

计算公式：

使用寿命（小时）=设备实际使用总年限×年月份（12 个月）×月工作天数（22 天）×日工作小时数（8 小时）

设备折旧=设备总成本÷使用寿命（小时）×项目操作时长（小时）

五、设备维修

设备维修费原则上应据实按照项目设备实际发生的维修金额分摊到单个项目中进行填报，如无法准确测算，可进行估算，常规估算方法为按照成本测算表中的设备折旧费总额的 20% 进行估算。

计算公式：

设备维修费=设备折旧费总额×20%

六、间接费用

间接管理是指不能直接计入医疗支出或药品支出的医疗机构日常管理行政费用，其中包含所属医疗机构中卫生及其后勤部门直接管理发生的医疗费用或者各项日常管理成本支出，以及与操作项目科室直接相关的岗位职工承担的各类教育费、科研费、无形资产等成本摊销，原则上应据实按比例分摊，如无法准确测算，可按照成本测算表中其他成本合计数的 10% 进行估算。

计算公式：

间接费用=（卫生材料费+低值易耗品+劳务费用+设备折旧+设备维修)×10%

七、其他可计算消耗

如水、电、气等。

水：可根据项目操作时的实际消耗，按照用水量进行估算。

电：分为一般照明设备用电和特种动力设施用电，如具备实际计量条件可按电能实际计量消耗计算分摊电价；无计量条件的可先根据申报项目和操作时设定的实际用电计量比例进行合理分摊。

气：按面积分摊或按照用气量比例进行分摊。

八、财政专项补贴

医疗服务价格申报中的财政专项补贴是指由政府财政部门统一拨款，用于扶持医疗机构新增、新开展医疗服务项目，对项目及医务人员费用补助的财政专项拨款，具有补助性质。成本测算过程中据实填写，并在成本合计中予以扣除。

九、成本合计

即申报项目中所有成本支出合计减去财政专项补贴的金额。

计算公式：

成本合计=劳务费用+卫生材料费+低值易耗品+设备折旧+设备维修+间接费用+其他可计算消耗−财政专项补贴

在市场经济条件下，医疗机构内部的资源配置、医疗服务的竞争状况以及医患需求决定着医疗服务价格的高低，因此，医疗服务价格申报也必须围绕成本、需求、竞争。医疗机构在申报医疗服务项目价格时，需同时提供以下成本测算资料：

1.《医疗服务价格项目申报表》《医疗服务价格项目成本测算表》和《医疗服务价格项目汇总表》（详见附件）。

2. 省级及以上药监部门出具的医疗器械注册证、生产许可证、经营许可证、专利证书等。

3. 项目所使用的主要技术的安全性、有效性证明材料，属于重点管理的医疗技术，须提供卫生行政部门同意备案的证明材料。

4. 新增价格项目创新性报告，详细说明申报项目的创新性、可靠性和必要性。

5. 价格项目相关物耗。购买仪器设备、辅助耗材、试剂等原始票据复印件（包括购买合同、发票及入出库单等）。

6. 其他省市已公布价格的，应提供文件复印件。

7. 与项目相关的其他材料。

第三节 项目价格申报的策略

我国医疗服务市场价格申报及审核必须严格按照当地价格主管审批部门的要求施行统一价格申报、受理、审批和管理维护等相关工作。面对当前我国医疗市场改革的巨大复杂性和发展不成熟性，医疗服务价格水平的高低已经直接地影响了各级医疗机构业务在国内医疗市场实际占有率水平及总服务收费量，价格高低与相关医疗业务间存在相互依存、相互协调制约的矛盾关系。项目申报价格水平的高低及对申报医疗机构业绩的重大影响主要集中体现在如下几个方面：

一、价格直接影响医疗机构经营收益

在当前，虽然我国医疗机构可以作为非营利法人组织，不存在以获取利润空间最大化为未来医院业务发展的目标，但是作为一项独立社会经济实体，医疗机构就需要具备自身独立运作的基本经济利益机制来最终实现财务盈亏平衡，保障其可持续发展。医疗机构主要的直接经济利益都源自医院利润，而这种利润却与实际医疗收入数量紧密联系，收入量的多少受到医疗项目价格高低因素的显著影响。因此，申报医院的实际医疗价格在医院以后的正常经济活动情况中作为一项可控性变量直接影响申报医院日后的合理盈亏。

二、医疗服务价格是医疗市场竞争的重要手段

社会群体（患者）对于医疗服务项目价格差异的认知敏感度不同，使其项目的选择具有其不同级别的服务价格弹性。对于一些弹性幅度较大的医疗或者服务的项目，价格高低一直以来是各医疗机构合作伙伴间竞争时最具常用特征也最较易取得效仿的手段。无论我们采取了何种医疗价格策略，都是应该既需要充分考虑广大患者心理的成本承受能力和广大患者内心对医药价格变动的心理敏感度，同时我们也应该兼顾价格方案的最终制定是否会引起行业竞争者间进行更为激烈残酷的价格竞争。

三、医院定价影响着医疗市场的改革进度

我国目前现有经济国情决定了其医疗价格必须由国家政府严格管制且没有主导价格决定权，这使得我国现阶段的整体医疗市场不是充分开放竞争机会的市场。但同时随着各地医改实施工作的逐步推进和不断深化完善，使价格配套政策逐渐松绑，民营医院正越来越多地由外资涌入参与地方医疗市场体系中，医院集团间潜在的内部竞争风险随之逐渐地加大，作为市场竞争中重要有效手段之一的价格策略研究也随之成为现代医院经济及管理改革的最重要组成要素而愈来愈受到重视。

由于现代医院建设的特殊医疗行业背景和复杂市场环

境，在医疗机构设计定价机制中所要统筹考虑的经济因素也相对于传统投资企业来讲会更加复杂多样化，不仅是要统筹考虑项目成本因素，还要综合考虑整个医疗卫生行业政策监管体制特性和地方政策的管制，以及其他市场供求因素。因此申报价格时还要考虑以下几个因素：

第一，法律、政策因素。医疗机构在我国作为特殊的行业，其相关市场准入资格受到各地卫生行政审批部门严格的法律法规监管，因此医疗机构申报医疗服务价格要进行依法操作。医疗机构申报的医疗服务项目应当严格地按照《全国医疗服务价格项目规范》标准内容范围进行申报和项目管理，对于一般药品、卫材等涉及医疗服务的项目制定价格也同样要严格地按照各地方主管执法部门颁布制定的相关法规政策文件执行。因此，地方卫生行政审批部门制定颁布的价格法律制度和定价政策就是各医疗组织机构申报价格时重要的基本考虑因素。

第二，成本因素。从经济学角度考虑，成本是价格的最低限度。因此测算成本是申报价格制定的重要决策依据。处于完全市场价格竞争条件中一个商品提供（医疗服务项目）时的服务价格必须要能够合理补偿包括其整个操作过程中的几乎所有价格支出费用（医疗服务全成本），且还能够完全补偿价格提供者本身所必须承担的全部财务风险支出费用（医疗风险）。因此医院引入多种成本因素测算的基本前提需具备比较规范、完备的医疗项目全成本核算体系或成本测算技术流程，一般可采用完全变动成本因素定价、保本点定价、变动成本因素定价等方法来测算医疗项目价格。

第三，市场因素。随着全国医疗卫生体制改革创新工作部署的深入推进，医疗（医药）价格体系全面有序放开，越来越多的公立医疗机构必将面临医疗市场的激烈竞争，而随着各地公立、民营医院发展结构的逐步调整，医疗市场总体竞争发展状况也开始逐渐从完全竞争型垄断市场逐渐向垄断不完全竞争型市场进行过渡。因此，医疗机构在制定项目申报及价格的过程里，需要同时认真考察分析医院当前或当地占主导优势地位医院现有的竞争价格体系结构及项目周边潜在竞争的市场，制定出比较适合医疗机构自身经营发展需求的价格策略。

第四，心理因素。就医的社会群体（患者）作为参与医疗服务消费的潜在消费者，其需求的心理行为可能存在较大随机性，是大多数医疗机构在制定期望价格过程中一个最复杂且不易全面考量分析的关键因素。对于大型医疗机构这个特殊行业群来说，社会群体（患者及家属）对于其医疗服务的最终期望价格往往并非单纯唯孰低即是谁好，还应当包括自身疾病轻重、医院专业技术实力、就诊服务、硬件环境、口碑评价等一些更为敏感复杂的因素。随着现阶段我国社会经济一体化迅速发展，收入结构将日趋多层次化，使得广大患者群体在求医就诊时的选择心理状况日趋复杂，比如低微收入阶层患者群讲究求实、求廉心理，中等收入阶层患者群比较倾向于注重医疗效率、追求就诊的安全、方便心理，高端收入阶层病患则更加注重看病时的就诊环境、医疗品质、服务价格和追求炫耀性的消费心理倾向等，这些综合因素或多或少都会对医疗机构定价选择产生影响。

因此，建议医疗机构管理者在正确考虑不同价格层级之间市场价格体系过程中要研究这种心理因素，制定出最有利于医疗机构占领价格市场、增加医院利润的价格策略。

同时，医疗机构管理者必须掌握和应用好价格申报策略，常见的价格申报策略有：周期价格策略、组合价格策略、地区价格策略、竞争价格策略等。这里重点介绍周期价格策略。

周期价格策略是指市场寿命周期不同阶段所采取的价格策略，医疗服务项目市场周期可划分为：新项目、成长期项目、成熟期项目、衰退期项目四个阶段。

第一阶段：新项目价格申报策略。新项目拟开展初期可以采用高价投放和低估预期两种不同的价格策略。高价投放就是在新项目开展的初期阶段，医疗机构可以采用较高的价格，利用人们求新的心理，加快投入成本的回收期，并获取较高的利润为目标。低估预期就是确定新项目价格低于预期价格，使新项目能迅速普及并有利于市场竞争的一种策略。待项目进入成熟期后，再通过适当提高服务寻求更合理价格。

第二阶段：成长期项目价格申报策略。医疗服务新项目开展以后，市场竞争者将不断出现。这一阶段随着经验的不断积累，管理更加科学等原因使项目单位成本不断降低。另外，由于竞争者的增加，医疗机构为维持市场占有率而增加新的设备或配套服务使固定成本增加。这个阶段的价格利润空间相对于项目初期阶段价格要低一些。

第三阶段：成熟期项目价格申报策略。医疗服务项目进入成熟期，意味着竞争者的数量已经很多，市场趋于饱和，这个阶段医疗服务项目成本趋于稳定，竞争者相互依存，价格的利润空间接近平均利润水平，价格应保持与竞争者基本一致。

第四阶段：衰退期项目价格申报策略。医疗服务项目进入衰退期，代表着该服务项目市场需求量开始下降，而且替代项目或新项目已开始进入成长期和成熟期。这个阶段医疗机构有两种对策可以选择，一是降价继续维持该服务项目，以满足部分就医者需求，本策略适用于降价后收益仍大于变动成本以及本医疗机构已经有替代的医疗服务项目。二是维持原价直至淘汰该项目，本策略仅适用于本医疗机构无替代的医疗服务项目。

总之，在市场经济条件下，医疗机构之间的竞争是客观存在的，医疗机构经营管理者能够在不同的阶段和不同的情况变化中，适时采用不同的价格申报策略，就有可能在同等医疗服务水平、质量，同样医患需求市场的竞争过程中占得先机。

第四节　项目价格申报的流程

医疗服务项目价格申报，原则上实行属地化管理。由具备独立法人资格的非营利性医疗机构向所在市州医疗保障部门提出申请。市州医疗保障部门受理本市州范围内医疗机构医疗服务项目价格申报，初审后报省医保局按照审核程序受理。省管医疗机构直接向各省医保局申报，由各省医保局按照审核程序受理。

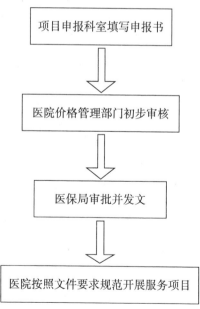

申报书内容：
①价格项目申报表、价格项目成本测算表、价格项目汇总表
②医疗器械注册证、生产许可证、经营许可证、专利证书等资质证明
③项目所使用的安全性及有效性证明材料
⑥新增价格项目创新性报告
⑦新增价格项目相关物耗（仪器设备、辅助耗材、试剂）等原始票据复印件
⑦其他省市已公布价格项目文件
⑧与项目相关的其他材料

项目申报科室填写申报书

医院价格管理部门初步审核

医保局审批并发文

医院按照文件要求规范开展服务项目

图5-1　价格项目申报流程图

实例：

现行假设：

某地区医生年均收入 120 000 元，护士年均收入72 000 元，技师年均收入 72 000 元做成本定价测算。

医师每工时收入：120 000÷(12 个月×22 天×8 小时)=57 (元)

护士每工时收入：72 000÷(12 个月×22 天×8 小时)=34 (元)

技师每工时收入：72 000÷(12 个月×22 天×8 小时)=34 (元)

××医疗机构需申报"儿童眼底照相"项目价格，按照当地政策规定的申报流程进行申报工作。

一、确定申报项目内涵

以《全国医疗服务价格项目规范（2012 年版）工作手册》内容为基准进行申报。

全国医疗服务价格项目规范(2012 年版)工作手册

项目编码	项目名称	项目内涵	除外内容	低值耗材	基本人力消耗及耗时
FES01703	儿童眼底照相	向受检者及其家长说明检查注意事项。输入受检者信息，眼表面麻醉，镜头清洁消毒，开睑，以透明质酸钠或其他类似的透明眼膏作为耦合剂，置于角膜表面，应用专用眼底照相机对眼底后极部、颞上、颞下、鼻上、鼻下等部位照相，检查结束时，滴用抗感染眼液。图文报告。			医1护1技1；耗时 10~20 分钟

二、填写申报表

××省新增医疗服务价格项目申报表

申报单位(医疗机构公章)：　　　　　　　　填报时间：　　年　　月　　日

类别	一、综合医疗服务类□　　　　二、医技诊疗类□ 三、临床诊疗类☑　　　　四、中医及民族医诊疗类□			
项目编码	FES01703		项目名称	儿童眼底照相
项目内涵	向受检者及其家长说明检查注意事项。输入受检者信息，眼表面麻醉，镜头清洁消毒，开睑，以透明质酸钠或其他类似的透明眼膏作为耦合剂，置于角膜表面，应用专用眼底照相机对眼底后极部、颞上、颞下、鼻上、鼻下等部位照相，检查结束时，滴用抗感染眼液。图文报告。		除外内容	无
计价单位	次	说明		拟定价格	60
是否属卫生行政部门规定的禁止应用于临床的医疗技术	否		是否属卫生行政部门规定的需要重点管理的医疗技术	否
项目适用范围及临床意义	儿童眼底照相是利用专用照相机拍摄眼底，用于医生判断眼内情况，检查儿童眼底组织的病变的操作。			
工作原理	利用专用照相机拍摄眼底。			
操作规范	严格按照医学操作规范。			
质量标准	涉及器械的应写明注册证编号和产品标准编号。			
其他要说明的情况(新增理由)	重点说明：与同类现行医疗服务价格项目的差异性，对比分析两者间的经济性、先进性和必要性。			

三、成本测算表

医疗服务价格项目成本测算表

填报单位(公章)：　　　　　　　项目编码及名称：(FES01703)儿童眼底照相

	卫生材料费 (含试剂)	型号	产地	计价单位	单价	每人次用量	每人次摊销金额
	栏次	(1)	(2)	(3)	(4)	(5)	(6)=(4)×(5)
一	利尔康牌75%酒精消毒液	500ml	山东	瓶	6	50	0.60
	免洗手消毒液	500ml	山东	瓶	20	10	0.40
	一次性使用帽	机制双筋	河南	个	0.23	3	0.69
	一次性医用口罩	系带	河南	个	0.23	3	0.69
	消毒棉球	包	河南	支	0.02	5	0.10
	小计						2.48

	低值易耗品	型号	产地	单位	单价	使用寿命(次)	每人次用量	每人次摊销金额
二	栏次	(1)	(2)	(3)	(4)	(5)	(6)	(7)=(4)÷(5)×(6)
	开睑器		宿门	个	38	10	1	3.80
	小计							3.80

	水电气消耗	单位	单价	每人次用量	每人次摊销金额
三	栏次		(1)	(2)	(3)=(1)×(2)
	电	度	2	0.50	1.00

三	水电气消耗	单位	单价	每人次用量	每人次摊销金额
	水	吨	8		忽略不计
	气	立方	1.5		忽略不计
	小计				1.00

四	劳务费用	操作小时	每小时工资	操作人数	每人次摊销金额
	栏次	（1）	（2）	（3）	（4）=（1）×（2）×（3）
	医师	0.25	57.00	1	14.25
	护理	0.25	34.00	1	8.50
	技师	0.15	34.00	1	5.10
	小计				27.85

五	设备折旧费	型号	产地	单位	单价	使用寿命（小时）	人均占用时间	每人次摊销金额
	栏次	（1）	（2）	（3）	（4）	（5）	（6）	（7）=（4）÷（5）×（6）
	新生儿眼底成像系统	RETCAM3	美国	台	1650000	10560	0.15	23.44
	小计							23.44

六	设备维修费		4.69
七	间接费用		6.52
八	财政补助	财政补助中对项目及医务人员费用的补助	10 元/次
九	成本合计	第一项至第七项费用之和减去第八项	59.78
外省市价格			建议价格　60.00

　　医疗服务价格申报是指医疗机构向价格主管部门申请报告医疗服务项目价格事项的过程。医疗服务项目价格申报包括价格调整、新增项目价格和特需服务项目价格申报等内容，价格调整的申报由各级医疗保障部门根据年度评估报告按照机制实施动态调整。新增医疗服务项目价格申报，是指经验证能提高诊疗效果或满足群众多样化健康需求，属于医疗服务范围并符合法律法规及政策规定，尚未列入全国统一诊疗服务项目目录的价格项目。特需服务项目价格实行市场调节价，公立医疗机构可根据成本、市场需求自行确定服务价格，并根据管理权限向医保部门备案。

附件1：××省价格申报案例

××省新增诊疗服务价格项目申报表

　　申报单位：<u>　××××医院　</u>（盖章）

　　负责人（签字）：

　　填表人（签字）：

　　申报时间：<u>2023</u>年×月×日

　　联系电话：

××省医疗保障局

项目名称	植入式心电监测器安置术
项目类别	综合医疗服务类：一般医疗服务 □ 一般检查治疗 □ 社区卫生服务及预防保健项目 □ 其他医疗服务项目 □ 医技诊疗类：医学影像 □ 超声检查 □ 核医学 □ 放射治疗 □ 检验 □ 病理检查 □ 临床诊疗类：临床各系统诊疗经血管介入治疗 □ 手术治疗 ☑ 物理治疗与康复 □ 中医及民族医诊疗类 □ 特需医疗服务 □ 市场调节价 □_____ □
项目编码	310702××
技术操作规范	植入式心电监测器安置术： -由于植入式心电事件监测器微型，手术相对简单，无须制作囊袋，注射式植入。 -手术路径： 1. 皮肤清洁处理，消毒铺巾。 2. 局部麻醉，在第 4 肋间隙的骨 45°角（V2–V3 电极方位），器械上端定位在胸骨缘左侧位大约 2cm 处，注射式植入心电事件监测器装置。 3. 记录心电图，判断理想植入部位。 4. 缝合皮肤。 -技术支持： 1. 清洁手术室。在遵循无菌操作的前提下，微型装置在门诊手术室和导管室植入并发症发生率相当，而门诊手术室植入可以大大节省医疗资源。 2. 常规消毒铺巾物料/缝合物料。 3. 经过培训的术者（技术录像，Demo 演练）。 4. 手术助手（协助递送物料）。 5. 程控仪及操作者。 植入式心电监测器取出术： -由于植入式心电事件监测器设备小巧，手术相对简单。 -手术路径： 1. 检查监测器工作状态。 2. 检查植入部位状态。

项目名称	植入式心电监测器安置术		
技术操作规范	3. 皮肤清洁处理，消毒铺巾。 4. 局部麻醉，在心电监测器一端作切口。 5. 分离皮下组织，取出植入式心电事件监测器。 6. 缝合皮肤。 –技术支持： 1. 清洁手术室。 2. 常规消毒铺巾物料/缝合物料。 3. 经过培训的术者（技术录像，Demo 演练）。 4. 手术助手（协助递送物料）。 5. 程控仪及操作者。		
服务产出	通过植入式心电事件监测器的植入，对有临床症状或状况处于心律失常风险增加状态的患者和经历过短暂性症状可能提示有心律失常的患者，识别并记录症状发生时的异常心电图，为诊疗提供客观依据。将植入式心电事件监测器取出，并缝合皮肤的手术操作（含取出术）。		
价格构成	所定价格涵盖手术过程中人力资源和基本物质资源消耗,含医院设备投入及维护成本。		
加收项			
扩展项			
是否属卫生行政部门规定的禁止应用于临床的医疗技术	是/否？	是否属卫生行政部门规定的需要重点管理的医疗技术	是/否？（如是，须提供卫生行政部门同意备案的证明材料）

续表

专家名单（3名以上专家签字）			
姓名	单位	职称	联系电话

主管院长（签字）	市（州）医保部门意见（公章）
年　月　日	年　月　日

填表说明

一、申报的每一项新增医疗服务价格项目，均填写一张"××省新增医疗服务价格项目申报表"。

二、申报的项目名称以诊疗目的或结果命名，不得以设备、仪器、试剂的称谓命名。

三、类别：在相应的类别后面划"√"。

四、项目编码：指新项目的顺序号。按照诊疗目录中"使用说明"的要求提出建议编码，顺序码共9位阿拉伯数字，填到前六位为止，最后三位用"×××"代替。如拟在"医技诊疗类"的"肝病试验诊断"中增加一个新项目，则其"编码"填为"250305×××"。

五、技术操作规范：按照卫生行政部门"医疗服务技术规范"进行填写，含准入条件、操作路径、技术标准、内涵和外延。确保医疗服务有效性、安全性、伦理性、适用性。

六、服务产出、价格构成、加收项、扩展项：参照《国家价格项目立项指南》填写。

附件2：

××省新增诊疗服务价格项目成本测算表

项目名称	植入式心电监测器安置术（值入式心电监测器取出术）	计价单位				次
价格构成	所定价格涵盖手术过程中人力资源和基本物质资源消耗，含医院设备投入及维护成本。					
诊疗服务项目概况						
价格成本构成						
一、基本物耗（不得单独收费的低值易耗品）						
医用耗材编码（27 位）	注册证号码	单件产品名	计量规格	单价	次均数量	收费金额
	国械注准 20153140518	注射器	5ml	0.4	1	0.4
	国械注准 20153140518	注射器	10ml	0.5	2	1
	国械注准 201921400	手术包	I 型	46	2	92
	沪械注准 201726607	无菌手套	1610	2.58	2	5.16
C14020200000000002126		医用脱脂纱布叠片	8×8×8	1.15	5	5.75

续表

诊疗服务项目概况					
C140701183000002294					
沪械注准201920704	普通电极片	JK-1（A-H）型	0.52	4	2.08
	无菌器械包（供应室消毒）	套	20	1	20
国械备20161621号	弹力绷带	6cm×2.5m	39.6	1	39.6
沪械注准201620106	灭菌手术刀片	K2-11	0.43	1	0.43
基本物耗费用小计①					166.42

人员职别	平均操作时间（小时）	操作人数	全年薪酬标准	每小时人力成本
1. 医师				
主任医师	1	1	480 000.00	227.27
副主任医师				
主管及以下医师	1	1	240 000.00	113.64
2. 护师（士）	1	1	240 000	113.64
3. 技师（士）	1	1	120 000	56.82

续表

诊疗服务项目概况				
4. 其他人员				
	基本人力成本小计②			511.36
三、项目所需设备				
项目设备	采购金额	额定使用期限（小时）	项目占用时间（小时）	每次摊销费用
全数字化通用型平板血管造影系统	9 960 000	12 672.00	2	1 571.97
设备修理费用（按设备折旧费总合的 20%计算）				314.39
设备折旧小计③				1 571.97
四、其他成本				
费用名称	单位	单价	数量	金额
水				
电	度	1.5	2.5	3.75
其他成本小计④				3.75
直接成本合计（小计①②③④之和）				2 253.50

续表

诊疗服务项目概况

五、项目使用的独立计费耗材

医用耗材编码（27 位）	注册证号码	单件产品名	计量规格	单价	次均数量	收费金额
C02041006000004254	国械注进 2015312198	植入式心电事件监测器	1 台/盒	29 000	1.00	29 000

联系人：

联系方式：

医疗机构名称（公章）：

填表说明

一、人力成本

(一) 全年薪酬标准：工资、福利额包含基本工资、津贴补贴、绩效工资、社会保障费、其他收入等。

(二) 平均操作时间：参与完成医疗服务项目人员的实际平均用时。

计算公式：每小时人力成本 (元/小时)=全年薪酬标准÷(12 个月×22 天×8 小时)×平均操作时间

二、基本物耗

基本物耗：指该医疗服务价格项目应当使用的、市场价格和使用数量相对稳定的一次性医用卫生材料。

计算公式：基本物耗收费金额=次均数量×单价

(注：实际次均数量为每人每次实际耗用量，如一瓶酒精，可用 20 人次，则消耗数量为 1/20 瓶。)

三、设备折旧

设备折旧：指在该项目中直接使用的设备折旧。

计算公式：每次摊销费用=医疗仪器设备原值÷使用年限÷12 个月÷22 天÷8 小时×项目占用时间

四、其他成本

水电燃料：水电燃料消耗按实际消耗计算，公式：应摊金额=实际消耗数量×单价

五、独立计费耗材

申报的新增医疗服务价格项目所使用的独立计费耗材，按国家医用耗材编码 20 位码的要求填写，并附"国家医保信息业务编码标准数据库"数据查询中医用耗材信息查询截图。

附件3：

××省新增诊疗服务价格项目汇总表

医疗机构（签章）或市州名称：   金额单位：元

序号	申报单位	项目编码	项目名称	医疗服务技术规范	计价单位	项目总成本	备注
1	×××医院	310702×××	植入式心电监测器安置术	皮肤清洁处理，消毒铺巾，局部麻醉，在第4肋间隙的骨45°角（V2-V3电极方位），器械上端定位在胸骨缘左侧位大约2cm处，注射式植入心电事件监测器装置，记录心电图，判断理想植入部位，缝合皮肤，取出时局部麻醉，在心电监测器一端做切口分离皮下组织，取出植入式心电事件监测器缝合皮肤手术结束。	元/次	2 038.85	
2							

注:省级医疗机构的新增项目汇总表由医疗机构统一汇总后直接上报,一个医疗机构一张表;州、市、县(市)级医疗机构的新增项目汇总表由各州、市医疗保障部门统一汇总后上报,一个市、州一张表。

医疗服务价格事关人民群众、医疗机构的利益，具有全局性、关联性影响。同时，医疗服务价格也是影响医疗服务市场需求、反映医疗服务水平质量的主要决定因素，如何确定医疗服务价格应成为医疗机构管理者进行医疗服务决策高度重视的一项内容。医疗机构应充分认识到医疗服务市场是一种不完全竞争市场，应避免有可能不利于就医者、社会和政府的行为。医疗机构在申报医疗服务项目价格时，应考虑医疗服务成本、需求、竞争、社会经济状况、卫生政策等因素对价格产生的影响。医疗服务成本是医疗服务项目价格的基础，因此，医疗机构必须清楚各医疗服务项目的成本结构和变化，只有申报价格高于成本时才能有结余。值得注意的是，医疗机构在申报价格时，医疗风险成本也是需要考虑的因素之一，因为医疗风险是客观存在的，而且是不可避免的。

第五节 医疗改革过程中申报
项目价格的新思路

随着国家医疗体制进入发展的深水期，医疗保险、医疗药品、医疗技术服务的价格放开等一系列医疗改革重大举措也陆续出台。其中医疗服务价格放开政策无疑是我国医改的一次具体实践表现，具有"牵一发而动全身"的作用。医疗价格的市场化改革必然将对所有的医疗机构、医务工作者、社会群体（患者及家属）产生重要影响，在医疗体制改革大环境影响下的医疗项目又应该如何科学地测算其成本呢？

对医疗机构所有医务工作者而言，医疗服务价格是每位医务工作者付出劳动创造价值过程中的直接货币体现，也是医院以价格形式补偿权益的重要方式和来源；尤其对普通就诊的社会群体（患者及家属）而言服务与价格挂钩，价格的高低将直接关系到社会群体（患者及家属）对医疗保障服务的接受认可程度，并由此最终影响社会群体（患者及家属）健康生活保障服务权益程度和最终社会福利水平；从医疗机构管理者角度上来讲，医疗服务要素价格层次的高低差异会直接关系到该医疗机构将来所需要承担的整体医疗费用规模和经营利润水平，因此合理科学的社会医疗价格体系构成是促使医疗机构合理发挥有效市场机制、优化政府卫生健康资源配置、提高医疗服务资源配置使用效率、引导保障社会群体（患者及家属）需求层次的重要条件。

由于现阶段我国经济体制和医疗市场特殊性等一系列原因，形成了由政府主管部门对医疗服务价格体系和定价调整等情况的管理，使医疗机构无法直接通过市场经济主体价格方式进行充分竞争，因此医疗机构在申报项目过程中很大程度取决于执行政府的指导价。所以价格主管部门在审批申报医疗价格时，不仅仅要达到体现社会价值规律的合理要求，还需要全面考虑国家现阶段对各医疗机构给予的财政补偿保障水平和我国普通群众家庭的总体经济状况要求和经济承受能力。那么采取更合理的医疗服务价格，在政府指导价和自主定价模式之间找到结合点，就需要注意以下几点：

首先，要做好各个医疗服务项目的人力成本及风险程度和技术难度管理，具体成本定价测算参照《全国2012年版收费目录》中的人力消耗进行调整。

其次，责任或风险成本（可能的医疗纠纷所造成的机会成本）也是需要计提的，需要根据每例申报项目的风险程度和技术难度去计提不同的风险基金成本，以此来使整体的医疗服务价格回归正常。

再次，在做好人力成本及风险测算的同时，还需要兼顾医疗项目所需要的成本（包括办公室房租、设备折旧、水、电、人员工资等）的分摊，具体参照三级四类分摊法。

最后，还要结合自身实际等具体就医情况，商讨确定出一份相对合理有效的网络医疗信息服务收费申报的价格系统，以期真正达到使患者、医务工作者、医院管理等相关多方利益实现最大化。

医疗服务是医疗机构以患者和一定社会人群为主要服务对象，以医学技术为基本服务手段，向社会提供能满足人们医疗保健需要，为人们带来实际利益的医疗产出和非物质形态的服务。医疗服务的无形性、高风险性、公益性及医患关系的特殊性，都是影响申报价格的因素，即：成本、需求和竞争。本章所介绍的申报价格是随着医改深化后的新兴课题，而医院的成本管理则是始终如一的内修功课。无论是何种性质的医院，只有使内部成本管理和申报价格策略相辅相成，才能使医院长期、可持续地发展，并且得到社会效益和经济效益的和谐统一。

第六章 价格法律制度

经过 30 多年的价格改革和价格管理实践，我国的价格机制发生了根本性变化。在商品领域，价格的自由波动已经成为事实，政府进行价格管理的主要目的是创造公平竞争的环境。保证价格机制正常发挥作用，我国已建立起以《价格法》为核心，包括其他法律、价格行政法规、地方价格法规、部门和政府价格规章在内的门类齐全、层次合理、协调配套、相互联系、统一完备的价格法律体系，使价格工作逐步走上法制化、规范化的轨道。

第一节 我国的价格法律体系

按照法律法规、规章的地位、作用和内容，我国的价格法律体系由以下法律法规、规章构成。

一、《价格法》

它是价格法律体系的基本法，是制定价格法规、规章的依据。制定《价格法》的目的在于规范价格行为，维护市场竞争秩序，稳定市场价格水平，保护消费者和经营者合法权益，促进社会主义市场经济的健康发展。

二、规范经营者价格行为的法规、规章

即规范经营者的价格行为，促进等价交换和公平竞争，禁止不正当价格行为，维护市场价格秩序，保护消费者的价格权益。这类法规、规章主要包括：明码标价，禁止牟取暴利，禁止价格垄断、价格欺诈、价格歧视、低价倾销等。

三、规范政府定价行为的法规、规章

即明确政府制定价格的范围、程序、权利、职责，促进政府制定价格的科学化、民主化，提高政府价格决策透明度。这类法规、规章主要包括：政府定价目录、政府制定价格程序、价格决策听证办法等。

四、政府宏观价格调控的法规、规章

即规范政府调控价格的经济手段、行政手段，明确其权利、职责。这类法规、规章主要包括：价格调节基金制度、价格监测制度、价格干预措施和紧急措施等。

五、价格监督检查的法规、规章

即规定价格监督检查的主体、程序、职权，价格的社会监督以及处罚种类、法律责任等。这类法规、规章主要

包括：价格违法行为的行政处罚规定、价格行政处罚程序、价格监督检查管辖等。

第二节　《价格法》的立法宗旨

价格法是调整价格关系的法律规范的总称。价格关系包括价格的制定、管理、调控和监督检查过程中发生的社会关系。这是对价格法的广义理解。狭义的价格法是指第八届全国人大常委会第二十九次会议于 1997 年 12 月 29 日通过的《中华人民共和国价格法》。

一、保障社会主义市场经济健康发展

价格是价值规律作用的主要表现形式，人们主要是通过市场价格来认识和遵循价值规律的。价值与价格的这种客观联系，从根本上决定了价格在社会主义市场经济中的地位和作用。能不能建立起新的社会主义市场经济体制，在一定意义上取决于能否建立、健全新的价格形成机制和价格调控机制。法律手段既是规范市场主体行为、保障市场价格机制正常运转、提高资源配置效率的有效工具，也是规范政府行为、提高价格调控措施的科学性和有效性的必要保证。

二、规范价格行为

从其性质和内容上分析，《价格法》既属于市场宏观调控法，又属于市场主体行为规则法。作为行为规范，它是受到一定价值观承认和维护的，具有普遍性和稳定性的规范模式。国家通过制定法律，规范市场主体的价格行为，一方面保护有积极效应的市场价格机制的自发调节，另一方面用法律去禁止和制裁市场主体违反竞争规则的行为，约束和干预市场主体的自发调节产生的负面效应，以保障价格的效率和秩序。

三、发挥价格合理配置资源的作用

这里讲的资源是人们可以支配利用的人力、物力、财力和土地等经济资源。社会经济资源在任何时候都是有限的，而社会对资源的需求却是众多的、无限的。公平竞争的法律环境使得经济活动者能够自由地进入和退出市场，做出符合各自利益的决策。

四、稳定市场价格总水平

价格总水平是指一定时间内全社会所有商品和服务价格的综合平均水平，通过价格总指数来表现。稳定市场价格总水平并不要求价格总水平绝对平稳，价格波动是市场经济下引导资源配置所必需的，但价格总水平的大幅波动，对于整个社会的安定、经济的持续稳定发展是十分有害的。作为我国宏观调控的重要目标，稳定价格总水平自然成为价格立法的重要目的。

五、保护消费者和经营者的合法权益

保护消费者的价格权益，是《价格法》的主要立法宗旨之一。它明确规定，我国大多数商品和服务价格实行市场调节价，明确了消费者在价格活动中的地位和参与定价的权利。同时对经营者的价格行为进行了规范，明确了合法与非法的界限。这些规定都有利于企业自主经营、自我约束、自我发展。

第三节 《价格法》的地位、作用和适用范围

《价格法》总结和肯定了我国价格改革前 20 年的经验，是我国社会主义市场经济法律体系中的一部重要法律，它的颁布实施是我国价格法制建设的一个重要里程碑，标志着我国价格工作已经步入规范化、法制化轨道。

一、地位和作用

《价格法》在社会主义市场经济法律体系中的作用主要体现在以下几个方面。

1. 保障市场经济活动得以健康有序地进行，促进市场

经济的发展。《价格法》通过规定定价主体（包括经营者和政府）的定价行为规则和界限，明确了哪些价格行为是合法的、受法律保护的；哪些价格行为是不正当、违反公平竞争和诚实信用原则，是法律禁止的。并通过依法制止和惩处价格违法行为，规范市场价格秩序，维护公平公正原则，促进正当竞争，保障市场经济活动得以健康有序地进行。

2. 把政府对市场价格的直接干预限制在一定的、必要的范围内，并通过法律和经济的手段对市场价格总水平进行宏观调控，既避免了政府的过度干预，又弥补了市场竞争的缺陷和不足。

3. 通过依法监督检查和惩处价格违法行为，保护消费者和其他经营者的合法权益。《价格法》正是为了保护经营者和消费者的合法权益，防止和惩处经营者利用强大实力和优势地位，以及信息不对称等客观条件，损害其他经营者和消费者的不法行为，正确协调经营者之间以及经营者与消费者之间的利益关系，从而保障社会主义市场经济的健康发展。

二、适用范围

《价格法》第二条规定："在中华人民共和国境内发生的价格行为，适用本法。"这句话非常简单，但是包含的内容却非常丰富。

1.《价格法》适用于中华人民共和国境内的全部区域，包括领陆、领水、领空。《价格法》是调整价格关系的基本法，其他法律、法规和规章有关价格方面的规定，不得与《价格法》相抵触。

2.《价格法》的适用对象是价格行为。价格行为的主体是广泛的，既包括国有企业、集体企业、私营企业、"三资"企业和个人，也包括机关法人、事业法人和其他组织。这里的价格行为，既包括经营者的定价、调价、标价以及价格评估、价格鉴定等价格行为，又包括政府的价格管理、价格调控、价格监督检查等价格行为，还包括消费者参与定价和价格的社会监督等行为。

3. 价格行为的客体是价格。广义上的价格一般包括商品、服务及生产要素价格。考虑到利率、汇率、保险费、证券及期货价格有很大的特殊性，需要有专门的法律规范，所以《价格法》对价格的范围限定在商品价格和服务价格。医疗收费属于事业性收费，是服务价格。

4. 国家行政机关收费。是政府机关向特定对象实施特定管理、提供特定服务收取的费用，是特殊的价格形式。《价格法》对此进行了原则性规范，提出应当依法进行，严格控制收费项目，限定收费范围、标准。

三、其他涉及价格的法律、法规和规章

1. 我国法律中除《价格法》专门对价格行为进行规范

外，其他有关法律中涉及价格、收费内容的也比较多，与医疗机构有关的主要有：《中华人民共和国药品管理法》《中华人民共和国教育法》《中华人民共和国献血法》《中华人民共和国档案法》《中华人民共和国合同法》等。

2. 我国有关价格的法规、规章，主要是以专项价格法规、规章为主，分散在其他法规中的价格管理规定不多。比较重要的价格法规、规章有：《中华人民共和国价格管理条例》、《价格违法行为行政处罚规定》（2006 年修订）、《政府价格决策听证办法》、《价格违法行为举报规定》等。

第四节　《价格法》的主要内容

《价格法》共分七章四十八条，第一章为总则，第二至第六章为分则，第七章为附则。其主要内容是：

第一章，总则。主要提出了立法目的，规定了适用范围，确定了我国价格体制是国家实行并逐步完善宏观经济调控下主要由市场形成价格的机制。国家支持和促进公平、公开、合法的市场竞争，维护正常的价格秩序，对价格活动实行管理、监督和必要的调控，维护国家利益，保护经营者和消费者的合法权益。

第二章，经营者的价格行为。主要是确立市场调节价在新的价格形成机制中的主导地位，赋予经营者定价权利。《价格法》一方面规定了经营者的价格权利，包括经营者有权检举、控告侵犯其依法自主定价权利的行为等，明确经营者在价格方面的权利受法律保护；另一方面又规定了经营者的价格行为规范和相应的义务，对不正当价格行为加以约束。

第三章，政府的定价行为。主要对政府的定价行为进行规范，提高政府制定价格的科学性。政府指导价和政府定价适用于与国民经济发展和人民生活关系重大的极少数商品、资源稀缺的少数商品、自然垄断经营的商品以及重要的公用事业、重要的公益服务的价格。

第四章，价格总水平调控。主要是国家对价格实行必要的调控，以保持价格总水平的稳定。国家确定市场价格总水平调控目标，列入国民经济和社会发展计划，并综合运用货币、财政、投资、进出口等方面的政策和措施予以实现。对价格总水平实施有效的宏观调控，对微观价格进行适度干预。

第五章，价格监督检查。主要规定了价格监督检查主体和职权，还规定了价格的社会监督和舆论监督，建立举报制度，对执法机关和执法人员提出了要求。

第六章，法律责任。主要规定了对价格违法行为的行政处罚措施。为强化对价格的全面监督，根据权利与义务对等的原则，规定了各类定价主体的法律责任，使政府、社会特别是消费者自身能依法对价格进行全面的监督，以提高政府和社会的价格监督能力、经营者的价格约束能力和消费者的自我保护能力。

第七章，附则。主要规定了不适用《价格法》的内容及施行时间。

《价格法》是调整我国社会主义市场经济关系的一部崭新的法律，是市场经济的伴生物，因而对社会主义市场经济运行机制的建立和发展、对整个价格工作，作用是重大的，意义是深远的。

第七章　价格监督与检查

　　价格监督检查，是指政府价格主管部门依法对价格管理相对人遵守价格法律法规、规章、政策情况所进行的监督检查活动。价格监督检查主体是政府价格主管部门；价格监督检查的对象是价格管理相对人即作为价格管理对象的公民、法人、其他组织和国家机关；价格监督检查的目的是防止和纠正价格管理相对人的违法行为，保证价格法律法规、规章和政策的实施和执行，实现国家管理价格的职能。

第一节　价格监督检查机构

　　价格监督检查工作由各级人民政府价格主管部门的价格监督检查机构负责，依法行使价格监督检查和处理违法行为的职权。

一、国家价格监督检查机构

　　国家发改委价格监督检查机构代表国家行使职权。其主要职责是：指导全国价格监督检查工作，组织实施全国性商品价格、服务价格、国家机构收费、事业性收费监督检查，查处中央各部门、省级人民政府及部门、中央企事业单位、社会组织的价格、收费违法案件，指导全国价格社会监督、信用建设和价格举报工作等。

二、省级价格监督检查机构

省（自治区、直辖市）、市、县等地方各级价格主管部门价格监督检查机构的主要职责是：负责本行政区的价格监督检查工作，提出价格监督检查的任务、政策、工作计划及实施意见，组织实施本地区的价格监督检查，制定检查方案，明确政策界限，协调解决检查中出现的政策问题，提出加强和改进价格调控的建议，接受上一级价格监督检查机构的指导，落实价格举报制度，指导价格社会监督工作等。

三、政府其他行政机构

政府其他行政管理部门，如工商、审计、税务、公安、教育等部门根据各自职责协助价格监督检查机构做好价格监督检查工作。

第二节　价格监督检查的种类

目前我国价格监督检查的主体是各级人民代表大会、各级政府价格监督检查执行机构、社会监督机构与组织、企业价格监督组织。价格监督与检查工作主要由各级价格主管部门的物价检查机构负责执行。

一、一般和特定价格监督检查

主要根据价格监督检查的对象进行划分：一般价格监督检查是价格主管部门针对非特定的价格管理相对人实施的监督检查。且有巡查、普查性质；特定价格监督检查是价格主管部门针对特定的价格管理相对人实施的监督检查。两者可同时使用。

二、全面和专项价格监督检查

主要根据价格监督检查的内容进行划分：全面价格监督检查是价格主管部门在一定时期内对价格管理相对人遵守价格法律法规、规章、政策情况进行全面的集中检查；专项价格监督检查是价格主管部门对某一行业、某种重要商品和服务价格进行的监督检查。

三、经常和临时价格监督检查

主要根据价格监督检查的时间是否连续进行划分：经常价格监督检查是价格主管部门对价格管理相对人日常实施的监督检查；临时价格监督检查是价格主管部门对价格管理相对人的突然监督检查，如重要节日的市场价格监督检查。

四、联合和单独价格监督检查

主要根据行政监督检查主体的多少进行划分：单独价格监督检查是价格主管部门单独开展的价格监督检查；联合监督检查是指两人以上的行政主体对行政管理相对人某一方面的情况进行监督检查，如物价财政税收大检查。

价格主管部门通过上述方式开展监督检查的同时，建立对价格违法行为的举报制度，发挥社会监督的作用，公布举报电话，设置投诉信箱，鼓励任何单位和个人对价格违法行为进行举报，对举报的价格违法行为进行登记，依法查处，及时回复，并对举报者保密。

五、医保基金的监督检查

党中央、国务院高度重视医保基金安全，出台了相关政策和行政法规。

1. 建立健全监督检查制度。推行"双随机、一公开"

监管机制，建立和完善日常巡查、专项检查、飞行检查、重点检查、专家审查等相结合的多形式检查制度，明确检查对象、检查重点和检查内容。规范启动条件、工作要求和工作流程，明确各方权利义务，确保公开、公平、公正。

2. 医保基金监督管理。

《医疗保障基金使用监督管理条例》明确规定：

第二十五条 医疗保障行政部门应当根据医疗保障基金风险评估、举报投诉线索、医疗保障数据监控的因素，确定检查重点，组织开展专项检查。

第二十六条 医疗保障行政部门可以会同卫生健康、中医药、市场监督管理、财政、公安等部门开展联合检查。

对跨区域的医疗保障基金使用行为，由共同的上一级医疗保障行政部门指定的医疗保障行政部门检查。

第二十七条 医疗保障行政实施监督检查，可以采取以下措施：

（一）进入现场检查；

（二）询问有关人员；

（三）要求被检查对象提供与检查事项相关的文件资料，并做出解释和说明；

（四）采取记录、录音、录像、照相或者复制等方式收集有关情况的资料；

（五）对可能被转移、隐匿或者灭失的资料等予以封存；

（六）聘请符合条件的会计事务所等第三方机构和专业人员协助开展检查；

（七）法律法规规定的其他措施。

第三节 价格监督检查的任务和方法

价格监督检查的任务是通过监督和检查，促使形成和保持一个相对合理完整的价格决策制度，在贯彻党和政府的方针政策、法律法规的同时，充分发挥价格机制的作用，促进社会生产力的发展，促进社会主义市场经济的良好发展。

一、价格监督检查的任务

价格监督与检查的具体任务包括：

第一，监督检查国家价格方针政策、法规的执行。

第二，监督检查国家规定的作价原则、作价办法的执行情况。

第三，监督检查国家定价、国家指导价的执行情况；发现是否存在价格违法行为；对已出现的价格违法行为予以纠正和处理。

第四，开展价格信息服务工作，帮助企业改善经营管理，端正经营方向，提高产品质量和服务质量，全面提高经济效益。

二、价格监督检查的方法

现行的价格监督检查的方法大致有以下七种：

一是物价大检查。通常是指在各地政府统一领导下，由价格、市场监督管理、税务、财政、审计、业务主管部门相互配合，并组成税收、财务、物价大检查组，大张旗鼓地进行阶段性检查。物价大检查规模大、范围广、时间长、效果好，而且具有综合性，因此检查次数宜少不宜多（每年一次）。

二是各级价格主管部门的物价检查机构所组织的定期或不定期的物价检查。

三是各级政府业务主管部门根据自身的业务特点和需要，组织定期或不定期的物价检查。

四是市、县物价检查机构设置物价专用电话，派专人接听，公布于众，随时听取广大消费者对物价问题的反映，并随时进行检查与处理。

五是企业自查、行业互查、个体劳动者协会检查。

六是群众物价监督网经常性监督检查。

七是人大代表、政协委员、消费者协会、各种群众团体代表对物价的监督与检查。

三、价格社会监督的内容和方法

（一）价格社会监督的重要内容

1. 对经营者的价格行为提出意见、建议或者检举、控告。

2. 对政府价格主管部门的有关部门及其工作人员的价格行为提出批评建议，并对其违法失职行为提出申诉、控告或者检举。

3. 对经营者、政府的价格行为进行舆论监督等。

（二）价格社会监督的主要方法

1. 价格主管部门定期发布与民生关系密切的主要副食品和日用消费品销售价格；实行政府定价和政府指导价服务项目公示制度。通过广大消费者对经营者和行政事业单位的价格行为进行监督。

2. 通过价格听证会制度进行监督。通过重要商品和服务价格听证会制度，听取社会各界代表的意见，论证价格方案的可行性，这个过程也是社会各界对价格主管部门价格决策以及企业价格行为的监督过程。

3. 通过消费者组织、职工价格监督组织、居民委员会、村民委员会等组织以及消费者和新闻单位，对市场价格行为进行社会监督。

四、价格内部监督检查

价格内部监督检查是指行政事业单位、生产经营者以及其他组织和个人，对本单位在经济活动中执行价格法律法规、规章和政策情况进行监督检查。主要任务是：

1. 建立必要的价格管理制度；

2. 开展价格法律法规、规章和政策的培训教育；

3. 定期开展价格的自我监督和检查，纠正不规范价格行为；

4. 开展价格公平、合法和诚实信用活动；

5. 协助和配合价格监督检查机构进行价格监督检查工作。

实践证明，积极开展价格内部监督检查，对于增强自我约束能力，提高企业、事业单位和个人在价格关系中的良好形象，维护正常市场价格秩序、抑制不规范价格行为等方面具有积极的作用。

第四节　价格行政处罚、复议和诉讼

各级价格主管部门的物价检查机构，作为主管检查处理价格违法行为的执法机关，有权责令有非法所得的价格违法单位和个人，在处理通知规定的期限内，将非法所得退还购买者。无论有无非法所得的价格违法行为，物价检查机构都可以按其情节分别给予通报批评、没收非法所得、罚款、提请市场监管机关吊销营业执照、对直接责任人员和主管人员处以罚款，并可以建议有关部门给予行政处分、情节严重构成犯罪的，由司法机关依法追究刑事责任。

一、价格违法行为和行政处罚

（一）各级人民政府和各级人民政府有关部门价格违法行为和处罚

其表现形式是：超越规定权限和范围擅自定价、调价或不执行法定的价格干预措施和紧急措施等行为。对上述违法行为责令改正，并可通报批评，对直接负责的主要人员和其他直接责任人员，依法给予行政处分。

（二）价格工作人员的价格违法行为和处罚

主要表现是：泄露国家机密、商业秘密以及滥用职权、徇私舞弊、玩忽职守、索贿受贿等行为。对上述违法行为，构成犯罪的，依法追究刑事责任；不构成犯罪的，依法给予处分。

（三）经营者的价格违法行为和处罚

第一，不执行政府定价、政府指导价以及法定的价格干预措施、紧急措施的；

第二，违反明码标价的；

第三，相互串通，操作市场价格，损害其他经营者或消费者的利益的；

第四，为排挤竞争对手或独占市场，以低于成本价格倾销，扰乱市场秩序的；

第五，捏造、散布涨价信息，哄抬价格，或采取欺诈手段，诱骗消费者或其他经营者进行交易的；

第六，提供相同商品服务，对具有同等交易条件的其他经营者实行价格歧视的；

第七，采取抬高或压低等级等手段进行收购、销售商品和服务，变相提高和压低价格的；

第八，违法牟取暴利的，以及法律、法规禁止的其他不正当价格行为。

对经营者价格违法行为的处罚，可根据情节采取以下方式：警告；通报批评；没收违法所得；罚款；责令停业；吊销营业执照。

二、价格行政复议

价格行政复议是指公民、法人或者其他组织认为价格具体行政行为侵犯其合法权益，按照规定程序和要求向价格主管部门提出行政复议申请，价格主管部门受理行政复议申请，并做出行政复议决定的一种法律制度。价格行政复议是保证和监督价格主管部门依法行使职权，防止和纠正违法行为或不当价格行政行为，保护公民、法人和其他组织合法权益的重要手段。

行政复议的范围主要包括：

1. 对价格主管部门做出行政处罚不服的，可向上级价格主管部门提出复议申请，由上一级价格主管部门做出行政复议决定；

2. 对价格主管部门的具体行政行为不服的，如价格主管部门采取的有关行政强制措施决定不服的、认为价格主管部门侵犯经营者自主定价权、处罚依据不合法等具体价格行政行为，申请人可向本级人民政府，也可向上一级价格主管部门提出行政复议申请，并由上一级价格主管部门做出行政复议决定。

三、价格行政诉讼

价格行政诉讼是指公民、法人和其他组织认为行政机关涉及价格的具体行政行为侵犯其合法权益，按照法律规定向人民法院起诉并由人民法院审理和做出裁决的一种诉讼行为。价格行政诉讼是对价格主管部门具体行政行为是否合法和适当的司法监督，是解决涉及价格的具体行政行为引起的行政纠纷的重要途径。

价格行政诉讼的范围包括：

1. 对行政复议不服的，可依法向人民法院提起诉讼；

2. 认为符合法定条件向价格主管部门申请颁发收费许可证，而被拒绝颁发或不予答复的；

3. 认为价格主管部门在调整和制定与自身相关的价格时，侵犯其合法权益的；

4. 认为价格主管部门未能在法定期限内依法履行其法

定职责和义务的，或违法要求管理相对人履行义务的，或侵犯管理相对人自主定价权的等等。

四、违法、违规、违约的界定

（一）违法

可从以下两个视角或语境来理解"违法"的定义。

"违法"就是违反法律，不履行法定的作为或不作为义务。广义上"违法"是违反一切有效的法律，包括违反刑法即犯罪。当"违法"和"犯罪"连成一词来用时（即常见的"违法犯罪"），此"违法"一般是指违反刑法以外的法律行为，不包括犯罪。

"违法"也称违法行为，是指特定的法律主体（个人或单位）违反法律法规的规定，由于主观上的过错所实施或导致的、具有一定社会危害性、应当依法追究并承担法律责任的行为。违法行为表现为超越法律允许限度的权利滥用、做出法律禁止的行为以及不履行法定的积极义务等。

违法的构成要素包括：一是违法是一种危害社会的行为。单纯的思想意识活动不能构成违法；二是违法必须有被侵犯的客体，即侵犯了法律所保护的社会关系与社会秩序，对社会造成了一定的危害；三是违法必须是行为者有故意或过失的行为，即行为人有主观方面的过错的行为；四是违法的主体必须是达到法定责任年龄和具有责任能力的自然人和依法设置的法人。

（二）违规

严谨来说，"违规"就是违反法规、部门规章等的规定，并应依法受到行政机关处罚的行为。

通常来说，"违规"一词中的"规"字并不是指指定的某项规定，这个"规"字是指所有双方协商好达成的规定。多用于违反协议规定。

（三）违约

违约是指协议（合同）当事人完全没有履行合同或者履行合同义务不符合约定的行为。《中华人民共和国民法典》第五百七十七条规定，"当事人一方不履行合同义务或者履行合同义务不符合约定的，应当承担继续履行、采取补救措施或者赔偿损失等违约责任。"

违约行为是违约责任的基本构成要件，没有违约行为，也就没有违约责任。根据违约行为发生的时间，违约行为总体上可分为预期违约和实际违约。医保定点医药机构、参保人、非参保人等单位和个人违反《基本医疗保险定点医疗机构医疗服务协议》的行为属于违约。

五、法律法规相关边界

（一）欺诈

"无中生有"是欺诈的主要特征，情节严重。欺诈是行为人故意制造假象、隐瞒事实真相并可能使他人误解上当的行为。欺诈行为的内容是，在具体状况下，使被害人产生错误认识，并做出行为人所希望的财产处分。因此不管是虚构、隐瞒过去的事实，还是当下的事实与将来的事实，只要具有上述内容的，就是一种欺诈行为。

（二）滥用

是指不符合诊疗常规的过度医疗行为。滥用是没有限制地使用，指程度、数量等。

（三）浪费

是指不经济的诊疗行为。浪费是非预期使用，或使用和控制不当，或没有节制（控制），或复合这些情况的诊疗行为。

（四）差错

是指不恰当的诊疗行为。对诊疗行为中"差错"的界定无一致定论，有认为只要行为不恰当，不论是否造成不良后果，就认定为"差错"；也有认为"差错"是指造成一定不良后果的不恰当行为。

我国的法律当中，是使用"过错"来表述，而不使用"差错"。

六、医保检查出现问题的分类

（一）伪造就诊记录、伪造医疗文书票据

为参保人员伪造就诊记录、提供虚假发票、诊疗清单、检查报告，伪造患者信息结算等骗取医疗保障基金的。

（二）虚假住院

有下列情形之一，即视为虚假住院：

1. 病程记录及医嘱与病情不符；

2. 伪造病历内容；

3. 病历中疾病名称及治疗记录与药品、护理记录不相符；

4. 病历书写严重违反《病历书写规范》的行为；

5. 利用参保人身份信息办理住院，而参保人未患病住院的；

6. 其他属于虚假住院的情况。

（三）诱导住院

医院通过以回扣、医托等手段招揽或推介患者，或采取不正当减免医疗费用、变相优惠、虚假宣传等手段诱导患者住院，对不符合住院条件的门诊患者劝说进一步检查住院，造成医保基金流失，且符合下列情况之一的，视为诱导住院：

1. 义诊活动、免费体检、违规减免费用、提供免费餐饮、免费接送等手段收治无住院指征的参保人员；

2. 向参保人员宣传住院费用全额报销，引诱参保患者住院的；

3. 夸大门诊检查、体检等结果，哄吓参保人员住院的；

4. 其他诱导住院行为。

（四）人证不符（冒名顶替）住院

1. 使用他人参保相关证明住院；

2. 其他冒名顶替住院行为。

（五）串换医保目录报销

具有下列情形之一的，视为串换：

1. 将医保不予支付的医疗服务项目、药品、耗材等串换成医保目录内的医疗服务项目、药品、耗材等进行报销；

2. 将医保目录内低价的医疗服务项目、药品、耗材等换成医保目录内相近相似的高价的医疗服务项目、药品、耗材等进行报销；

3. 将自立的医疗服务项目串换成医保目录内的医疗服务项目进行报销。

（六）挂床住院（低标准住院）

医院将非住院人员或挂床住院人员的医疗费用纳入医疗保险基金（包括统筹基金和个人账户）结算的。对健康查体的病人收住院等。

1. 患者住院治疗期间，离院仍正常工作或生活的；

2. 医疗机构未在 24 小时内上传参保患者相关住院信息至医院 HIS 信息系统的；

3. 连续 48 小时无实质性诊疗的，或未按照《病历书写基本规范》完成住院病历的；

4. 患者住院治疗期间，检查费用占住院总费用 80% 以上的；

5. 住院治疗期间，病历记录显示为一级护理，患者不在床接受治疗的（院内检查、治疗情况除外）；

6. 医疗机构违反卫健部门制定的住院患者管理规定，

虽然符合住院指征，且办理了住院手续，但患者不住院接受治疗的；

7. 医疗机构违反卫健部门制定的住院标准《临床诊疗指南》，将可在门诊治疗的患者收治住院的；

8. 可以认定的挂床住院行为。

（七）分解住院

1. 患者出院后 7~14 日内再次因同一病种入住同一所医院的（因突发危急重症入院，或相应疾病指南有具体规定的除外）；

2. 住院次均费用，医疗机构故意将病人在住院期间转科室办理多次住院手续；

3. 其他属于分解住院的行为。

（八）虚构医疗服务（虚报费用）

参保患者病历中记录的医保范围内的药品、诊疗项目、检查项目、医用耗材、医疗服务设施等费用与患者实际治疗发生的费用不相符。具体包括肆意虚记诊疗项目、药品、耗材。未批准纳入医保支付的自创医疗服务按医保价格项目收费；开展与自身资质不符的诊疗服务纳入医保结算；将药物临床试验项目违规纳入医保结算。

（九）串换项目收费（申报项目与实际报销不符）

1. 目录外项目串换：将无收费标准的项目串换为医保目录内名称和价格标准进行医保结算；

2. 低价项目高套：不执行原药品、诊疗项目、器械或医疗服务设施的支付名称及价格标准，将低价项目套用高价项目的价格标准结算。

（十）不合理收费

不合理收费是指定点医疗机构违反医疗服务价格政策，或违反药品、耗材价格政策等收取费用的行为，通常分为：分解收费、超标准收费、重复收费、自立项目收费、套用项目收费等。

1. 重复收费：重复收取某项目费用；

2. 分解收费：将诊疗服务项目实施过程分解成多个环节逐个收费，或将诊疗项目内涵中已包含的内容单独计费；

3. 超标准收费：超过规定的价格标准、数量标准进行收费，且超出部分纳入医保结算；

4. 自立项目收费：将未批准纳入医保支付的自创医疗服务项目按医保项目价格收费；

5. 高套病种（病组）、规避入组：高套单病种（病组）诊断进行医保基金结算；恶意规避按单病种结算方式进行诊疗活动。

（十一）不规范诊疗问题

1. 无指征检查、化验：无疾病指征的情况下，向患者提供了不必要的检查、化验等服务；

2. 无指征治疗：与疾病无关，或无治疗依据而反复多次治疗；

3. 套餐式检查、化验：无疾病指征的情况下，以组套形式开展检查、化验项目；

4. 超医保支付政策范围：临床药品、诊疗项目与服务设施使用，超出医保支付目录限制性支付范围并纳入医保结算。

（十二）留存医保卡、慢性病证等套现

协议医药机构留存参保人员的医保卡或慢性病证等，且存在下列情形之一的，视为套现：

1. 药店刷医保卡不购药而是套取医保基金；

2. 利用参保人卡、证，采取虚假住院或者虚假治疗等手段骗取基本医疗保险基金；

3. 利用参保人卡、证，采取其他方式套取医保基金行为。

（十三）耗材专项治理内容

1. 项目内涵材料单独收费：将诊疗项目内涵中已包含的不得另行收费的医用材料，单独计费并纳入医保结算；

2. 未按规定加价：未按照所在地区医用材料加价政策执行，私自违规加价；

3. 目录外材料串换为目录内：将医保不予支付的医用材料串换为可报销医用材料，违规纳入医保结算；

4. 低价材料套用高价收费：不执行原医用耗材的支付名称及价格标准，将低价项目套用高价项目的价格标准结算；

5. 一次性材料重复收费：一次性医用材料重复使用，

并计费纳入医保结算；

6. 违反物价规定收费：超过规定的价格标准、数量标准进行收费，且超出部分纳入医保结算；

7. 虚记多记材料费：虚记多记材料费，导致医用耗材的销售数量大于实际出库数量；

8. 其他进销存不符（以上不能涵盖的情形简述）：以上之外的情形，需在备注中详细描述问题情形。

（十四）其他问题

1. 私自联网：未经批准将非医保定点机构接入或转接医保结算网络；

2. 资质不符：开展与自身资质不符的诊疗活动纳入医保结算；

3. 将药物临床试验项目违规纳入医保结算：将药物临床试验项目服务合同中约定的药品、检查、化验、治疗、医用材料等项目纳入医保结算；

4. 其他：以上之外的情形，需在备注中详细描述问题情形。

价格监督与检查是国家管理价格的一种重要方式，也是国家管理价格的一项重要职能。经常性的价格监督与检查，可以促使各地区、各部门、各企事业单位和个体经营者认真执行国家法规、政策，保障各主体在市场经济中的合法权益，为调整价格和制定具体的价格政策法规提供依据。

第八章　医院服务价格精细化管理与实操

　　价格在经济学中的定义是商品和劳务价值的货币表现，价格代表着市场供需双方的均衡，价格对经济运行能够发挥杠杆调节作用。医疗服务作为一种特殊商品，医疗服务价格是对医疗服务作为商品交换所采取的一种价格形式，包括医疗机构对患者服务的医疗服务项目的收费标准，例如门诊和住院中各项检查、治疗、检验、手术项目等收费价格。医疗服务价格本质上是医疗服务价值的货币表现，在目前医疗体制改革的大形势下，药品、耗材收入"零差价"，医疗服务项目收费已经成为医疗机构组织收入的主要渠道，也是医疗机构弥补医疗支出的主要方式。

第一节　医院服务价格精细化管理概述

　　医疗服务价格是国家价格管理的重要组成部分，医疗服务属于公共产品范畴，不同于一般商品具有福利和商品的双重性质，在我国医疗服务是按项目收费的制度，国家不征收税金。

一、医疗服务价格设立与定价依据

根据《中共中央国务院关于深化医药卫生体制改革的意见》（中发〔2009〕6号）文件，非营利性医疗机构提供的基本医疗服务，实行政府指导价，其余由医疗机构自主定价。当前我国现行的医疗服务价格实行的是统一政策分级管理的体制，国家相关部门制定医疗服务价格管理的相关政策和规定，但不具体定价；省市两级价格和医保管理部门负责制定详细的医疗服务价格及方案。

二、医院服务价格精细化管理的作用与原则

精细化管理是一种理念，一种文化。它是社会分工精细化以及服务质量精细化对现代管理的必然要求，医院价格管理工作是医院管理的重要组成部分，医院的生存和发展不仅需要优质的技术服务、良好的就医环境，也需要合理的补偿机制和规范化收费。医院价格管理涉及医疗行为全过程，各项工作千头万绪，纷繁复杂，处处考验着医院管理者的智慧与能力，就更需要精益求精的工匠精神。

2020年，国家卫生健康委、国家中医药管理局连续下发了《关于开展"公立医疗机构经济管理年"活动的通知》（国卫财务函〔2020〕262号）、《关于加强公立医院运营管理的指导意见》（国卫财务发〔2020〕27号）、《公立医院内部控

制管理办法》（国卫财务发〔2020〕31号）等文件，要求医院管理模式向精细化转变，进一步强化医疗服务项目收费（以下简称"价格管理"），严格执行收费规范和医保支付政策。要求建立沟通协调机制，定期分析诊疗服务过程中是否存在政策偏差，及时组织整改不合理收费条目。

价格管理是公立医院运营管理的重要组成部分，直接影响国家医疗政策的执行效果，关系着医院的社会声誉和经济效益，随着医药卫生体制改革的不断深化，公立医院收入面临着结构性调整，医院管理也走上更加注重内涵建设的道路。随着医保支付方式的改变，项目付费方式逐渐被多元复合式医保支付方式取代。按疾病诊断相关分组付费和病种付费也将彻底扭转医疗机构和医务人员的医疗行为和管理思路，要求公立医院把成本控制、规范诊疗、合理收费嵌入医院管理之中，摸索出一套规范化的价格管理模式以应对目前的状况。

新医改下对于公立医院价格管理提出新的要求，价格管理不是单一部门承担的职能，而是需要统筹协调多部门的综合性工作。提升价格管理，以管理创造价值，建立健全的价格管理制度，提高管理人员业务水平，推进价格管理信息化，为医院的发展做好基础工作。随着改革的不断深入，医院要牢牢把握大环境和大方向的转变：

一是医院的结构性调整。从追求规模型、效益型要转变到追求质量、追求内涵，要调整医院供给结构，发挥自身优势，借力信息化技术，转变服务管理模式，深化创新发展。

二是转变养医模式。要转变以药养医，合理调整耗材和检查费用，降低药品加价率，提高医疗服务水平和质量，实现以技养医。

三是找准定位。医院要在社会宏观发展和市场定价机制中把握好尺度和平衡，建立健全适应新形势下的医疗价格管理机制。

具体讲，建立全面价格管理体系目的和作用：①调动全员积极性，使价格管理自然融入日常工作之中；②规范流程，从价格管理角度提升医院精细化管理水平，以适应新的医保付费制度；③实现事前、事中过程控制；④提升沟通、反馈质量，减少各方矛盾，提高和谐程度；⑤为医院全面绩效考评管理提供关键评价指标，使考核更客观、奖惩更公平；⑥可以提高医院价格管理风险识别、风险应对等风险管理能力。

三、医院服务价格精细化管理的框架体系

医院服务精细化价格管理体系主要体现在以下三个方面：

一是内容全面。价格管理涉及医院各项医疗收入，涵盖医疗服务项目收入、药品收入及医用耗材收入。其中，医疗服务项目收费实行项目目录管理及政府指导价管理。

二是过程完整。医院服务价格管理存在于医疗服务的全过程，从患者就诊前的新增医疗价格申报、医疗价格库的维护及医疗价格公示，到患者就诊时医疗价格咨询、按医嘱计价收费、实时费用复核，直至患者就诊结束后价格投诉处理、价格收费自查、回顾分析评价等，伴随着医院医疗服务的提供及收费行为的发生，价格管理活动贯穿始终。

三是全员参与。医疗价格收费管理兼具政策性和实务性，既需要高屋建瓴把握政策尺度，又需管理细化深入临床一线，从医院领导、职能管理部门到临床一线科室，需要全员参与、共同管理。医院应建立由价格管理委员会、价格管理办公室、专（兼）职价格管理人员组成的价格管理体系。医院价格管理委员会是医院价格收费管理的专业组织，对医院医药价格的申报、执行、调整、公示、检查、考核、评价等全过程组织实施监督与管理，价格管理委员会下设价格管理办公室，承担委员会的日常工作，医院按照实际开放床位数配备相应专职价格管理人员，各业务科室（部门）设置兼职价格管理人员，每个业务科室（部门）至少设 1 名。见图 8-1。

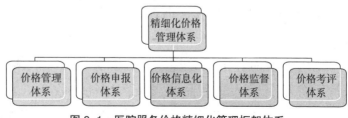

图 8-1　医院服务价格精细化管理框架体系

四、医院服务价格精细化管理维度设计

医院服务价格精细化管理的本质是对医药价格政策在医院层面的充分理解、细化和落实的过程，保证医院稳定、健康、可持续地发展。为规范执行价格政策、提高医院信誉，医院可以从 4 个维度 20 个管理领域建立医院精细化价格管理体系，实现价格管理从组织到业务流程的精细化管理，调动全员参与，实现价格管理的事前、事中过程控制，使价格管理融入医疗日常工作之中。

精细化价格收费管理体系的要素见表 8-1。

表 8-1 精细化价格收费管理体系要素表

管理维度	管理领域
组织结构 岗位职责	价格管理委员会职责
	价格管理 MDT 部门职责
	临床医技科室价格管理岗位职责
制度设计	新增医疗服务项目成本管理
	医疗服务价格调价管理
	新增医疗服务价格项目管理
	医疗服务项目价格公示管理
	收费清单管理
	医疗服务价格自查管理
	价格投诉及反馈管理
	价格管理奖惩管理
	医疗服务价格政策文件档案管理
	医院价格信息化管理

管理维度	管理领域
流程设计	医疗服务价格申报流程
	医疗服务价格调整流程
	医用耗材收费审核流程
	医疗价格投诉处理流程
表单设计	医疗服务项目价格申报成本测算表单
	医院价格收费核查登记表单
	医疗服务价格公示表单
	医疗服务项目调整表单
	医疗耗材审核表单
	医疗价格投诉处理表单

第二节 医院价格管理组织结构设计

随着医疗体制改革的不断深入，在借鉴其他国家医疗支付制度发展趋势的基础上，我国不断探索医疗服务支付新模式，从按项目付费过渡到按单病种付费、按疾病诊断相关分组付费等多种付费方式并存的复合医疗支付方式。支付方式改革是医改的核心，对公立医院发展具有价值导向作用，要求公立医院内部管理包括价格管理向内涵式、精细化管理转变。

医院价格管理工作主要包括新项目申报、价表维护、价格监督、价格执行中问题反馈与解决等工作。为有效贯彻价格政策、确保价格管理成效、畅通价格管理流程，必须先有组织体系的保障。

根据《关于印发医疗机构内部价格行为管理规定的通知》(国卫财发〔2019〕64号)，应在医院成立价格管理委员会、价格工作小组、价格管理员形成网络体系，层层审核医疗服务项目、药品及医用耗材价格的准确性。贯彻和执行好相关医药价格政策法规，制定并完善价格管理制度，协调好财务、医保、医务、门诊、信息、设备、药剂等不同管理部门之间收费价格和医保支付类型的新增和变更，明确各职能部门在价格管理上的职责。同时医院还要定期召开价格管理例会，及时传达上级价格政策，指导临床价格管理员及时掌握收费的要点，实现医疗服务规范化收费。

一、医院价格管理委员会顶层设计

价格管理组织体系应是在医院行政组织的基础上，按价格管理工作职责与工作流程所设定的矩阵式三级管理组织：一级为价格管理委员会，二级为常设的价格管理办公室，三级为"网格化管理模式"下独立收费记账的临床医技科室。

三级组织体系将与医院内部价格管理有关的职能部门全部纳入集中管理，MDT多部门联动实现相互沟通、信息共享，预判可能出现的问题，形成多元化反馈和立体化管理，

以确保政策的有效贯彻、建议的及时反馈和成果的强化巩
固等。见表 8-2。

表 8-2 医院价格管理体系

价格管理组织	主要工作职责
价格管理委员会	主管院领导负责，贯彻有关医药价格政策、法规；研究制定医院内部价格管理制度、业务流程、考评指标及奖惩标准，并负责组织实施；对医疗服务价格的申报、调整、公示、执行、核查、考核、评价等全过程进行组织实施和管理；组织召开价格管理工作会议，根据相关部门工作部署指导、协调有关工作进展，对医院价格管理进行调控
价格管理办公室	执行价格管理的常规工作，包括但不限于政策执行、成本核算、收费论证、项目维护等；监督价格管理办法的执行；提出医院价格管理建议
临床医技科室兼职价格管理员	协助价格管理部门负责价格政策的传达与监督，科室收费的执行，与价格管理部门的沟通与反馈，科室新业务、新技术的资料准备等

二、医院价格管理 MDT 多部门联动设计

根据等级医院评审要求，三级公立医院一般都单独设立了价格部门，传统的价格管理大多隶属于财务及相关部门，具有独立的部门职责。

按项目结算的支付方式下，医疗费用是各个诊疗项目费用的叠加，价格工作开展也是从财务管理的角度入手，注重收费审核与监管，关注点在各个诊疗项目的收费依据是否充足、项目之间是否存在互斥关系，只要没有不合理，就可以做"加法"。

DRG 医保支付方式改革推进，国家层面成立医保行政管理部门，将原价格部门合并，医疗机构价格工作指导审批和管理职能并入医保局，这些变化都需要医院价格部门职能做出相应改变，价格管理工作要从医保和财务两个方面入手，更加关注患者整体医疗费用与成本核算，依据各地医保与价格政策，重视诊疗行为的必要性及专业性管理。

在公立医院内部，价格与医保管理的深度融合是大势所趋，国内有不少医院已将医保部门与价格部门合并为一个部门进行统一管理。现代价格管理更应该偏重于医保职能，医保局检查反馈给医保部门的不合理收费，可以由医保价格部门来给予合理解释并规范临床收费行为；临床医护、患者对收费政策进行咨询时，价格和医保可以从相同角度进行全面的、一站式的解答问题，高效地为临床、患者提供服务。

由于价格管理涉及医院多部门，医院可以借鉴临床上多学科专家组治疗模式（MDT 诊疗模式），成立涉及价格管理多部门参与的工作团队，覆盖医务、护理、医保、财务、绩效、信息、人力、临床等多个职能部门与业务部分，强调团队精神，以价格管理工作为中心，结合多职能部门的专业技术优势，统筹行政管理资源。见图 8-2。

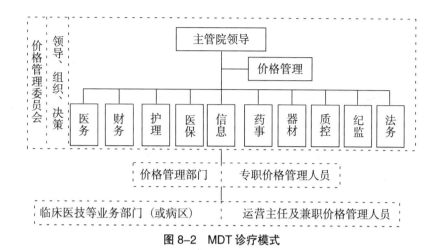

图8-2 MDT诊疗模式

三、临床医技科室价格管理专员设置

大型医院业务量大，管理工作环节多而复杂，要想提高价格管理质量，就需要将价格管理延伸至每一个角落，设置临床医技科室价格管理专员，围绕临床建立扁平化、网格化的医疗服务项目收费管理团队。

临床医技科室价格管理专员实质上是价格网格管理员，临床科室一般由科室主任委托副主任或责任护士长担任，医技科室由技师长担任，手术室由责任护士长担任。网格管理员承担网格管理的职能，负责本科室价格管理日常事务，接受各方面的监督。而医院价格管理部门负责巡查管理员日常工作，接受科室价格申请，了解科室的需求等；接待患者价格方面投诉；传达上级最新价格政策，并呈报科室需求。做到在网格中发生任何事情均有人汇报、有人负责、有人解决、有人监督的"四有"机制。医院在价格网格的基础上，可以根据实际情况，制定相关的价格管理制度、价格管理流程、科室价格管理员职责、投诉处理流程、价格奖惩制度等规章。无论处在网格中的哪个位置，都有相应的制度约束。

精细化价格管理组织结构的设计，将各部门的相关职能"整合"起来，形成以上下级部门管理为纵轴的权力线和以各职能部门协作为横轴的业务联系线，并通过"价格网格管理模式"实现信息共享、流程共享、服务共享。

信息共享：公立医院现行的服务收费标准是由政府相关职能部门统一制定的，涵盖临床科室绝大部分的收费行为。将医疗服务标准整合起来建立一个共享数据库。各个网格通过访问该数据库，得到想要的信息，达到"一次收集，多处多次共享，保持收费标准一致性"的目的。

流程共享：所谓"流程共享"是各临床科室在办理价格相关业务时，将具有共同性质的流程单列出来，统一交给职能部门处理，从而提高效率，节约成本。

服务共享："服务共享"是为临床科室提供"透明服务"的根本途径。在医院价格管理中，为给"临床科室"提供"一站式"服务，需要有价格管理职能部门统一受理科室的业务请求，再由价格管理部门和其他职能部门联系，避免临床科室在不同职能部门之间来回奔波。

医院价格管理组织体系的建立，使得价格管理制度和操作流程建立成为可能，主动发现并及时处理问题，从而使医院价格管理质量得以提升。

第三节　医院价格管理制度流程设计

医院的科学化稳定运行需要一个健全的管理体系，以此塑造良好的管理环境，促使一切复杂工作朝着有序方向落实。而在健全的管理体系形成中，规范的医疗收费制度与健全价格管理流程是其中一个关键。

这就需要结合医疗体制改革的全新内容和新会计制度针对价格管理工作实现创新。在针对价格实现管控中，每一项制定都应有严格的参考项目，一切按照既定的规章流程落实，信息审核、信息共享、信息入库以及后台管理等一体化实现，保证价格管理在可控范围内，提升管理合理性。

一、医院价格管理制度设计

医院价格管理部门要严格按照国家相关法律法规以及政策文件要求对当前医院价格和收费管理、制度流程做进一步的修改和完善，以便为下一步的工作开展创造良好的条件。在具体实施过程中，要着重针对各科室退费管理权限和流程以及新增医用耗材收费审批制度等文件内容进行补充和修订，这样才能更好地健全医院内部价格管理体系，从制度上对医院医疗收费行为进行全面规范，进而从根本上减少医疗收费投诉，重构医疗服务项目收费管理的职能，提高患者对医院的满意度。

（一）医院新增医疗服务项目成本管理

为规范医院新增医疗服务项目成本核算工作，提升医院内部管理水平和运营效率，根据政府会计准则制度、《事业单位成本核算具体指引——公立医院》（财会〔2021〕26号）等规定，制定医院新增医疗服务项目成本测算制度。

1. 医院新增医疗服务项目成本测算，应参照省级医疗服务价格主管部门制定的医疗服务价格项目（不包括药品和可以单独收费的卫生材料）划分，以各医疗服务价格项目为成本核算对象，并进一步计算其单位成本，即医疗服务项目成本。

2. 医疗服务项目成本应当包括，人员经费、卫生材料费、低值易耗品费、水电气消耗费、固定资产折旧费、无形资产摊销费和其他管理费用。医院应当根据"业务活动费用""单位管理费用"会计科目下的相关明细科目归集获取各成本项目的费用。

（二）医院医疗服务价格调价管理

为确保严格执行医疗服务和药品价格政策，建立顺畅的调价流程，及时调整，通知医院内相关部门同步调整、执行新的医疗服务价格，保障医疗收费的合法性，特制定本制度。

1. 严格执行医保行政管理部门制定的医疗服务价格标准，不得随意变动。

2. 对所有医疗服务项目（含允许收费的医用材料）价

格的调整必须由医院专职价格管理人员（可设 A、B 岗）统一审核修改，其他人员不得擅自修改。

3. 医疗服务价格政策，按照医保局文件要求的时间内在医院的价格收费系统中完成价格调整，做好调价记录，调价完成后通过各种方式如内网、OA 等处通知各临床科室及进行公示。

4. 涉及政策性临时调整、变更的批量价格调整，应由专职价格管理人员以书面形式报科室负责人，并经分管领导签字后，由价格组进行价格调整。

（三）医院新增医疗服务价格项目管理

为加强医院价格收费管理，贯彻落实国家医药价格管理政策，保障医院新技术、新疗法、新项目临床应用及合法收费，根据各地省级部门新增医疗服务项目申报相关文件精神，医院需制定新增医疗服务价格项目及自主定价项目管理制度。

1. 职责界定

（1）医院价格管理部门负责新增医疗服务项目的价格申报、收费项目开通工作。

（2）医院各科室兼职价格管理员负责本科室新增医疗服务项目价格上报、收费执行工作。

2. 项目界定

（1）新增医疗服务价格项目是指在全国统一医疗服务项目中没有规定且经过科学论证（鉴定）应用于临床，对提高诊断、治疗水平确有显著效果的新技术项目。

（2）自主定价项目是指价格政策标准中已立项但无价

格的医疗服务项目，上级价格主管部门规定可以按照市场调节价进行自主定价。

3. 申报流程

对于新增的医疗服务项目，医院应按照省卫健委、省医保局《关于做好新增医疗服务价格项目申报审核的申报条件及要求》进行申报项目立项。经科室负责人、医务管理或护理管理负责人和分管院长审批，医院价格管理委员会审核后，报省、市级卫生健康行政部门按照医疗服务价格项目技术规范进行项目申报，立项后方可申报价格。

关于自主定价项目，医院应组织科室进行成本测算和价格审核，提出价格建议，经科室负责人、医务处负责人和分管院长审批后上报。

（1）新增项目的依据、理由、价格、参照文件（即上报上级主管及价格部门的书面申请报告）。

（2）申报科室需按照上级价格主管部门规定的申报要求填写《新增医疗服务价格项目申报审批表》，并提供新增项目涉及医用设备（含必备的附属设备）的购货原始票据复印件，以及使用的试剂、卫生材料、辅助材料的耗用量和进货票据复印件（票据复印件包括入库单、发票和说明书）。属于大型设备的，还需有市卫健部门的许可证复印件。

（3）省内医院在相同项目上已开展的相关情况及价格部门的审批价格资料。

（4）医院价格管理人员对临床科室的新增项目申报工

作进行全程配合、指导、申报。

4. 价格执行

（1）新增医疗服务项目在申报期间原则上不得收费，也不得随意参照其他医疗服务项目收费，待主管部门审批后由医院价格管理部门通知执行。

（2）医院价格管理部门在收到主管部门价格批复后，在医院收费系统中维护相应收费项目，同时发布价格调整通知，通知科室按时执行项目标准。

（四）医院医疗服务项目价格公示管理

1. 医院应在服务场所显著位置，如电脑触摸屏、电子显示屏、公示栏等处公示常用医疗服务项目价格；价格发生变动时，要及时调整公示内容。要公布本院区及价格主管部门价格举报电话。

2. 医院的所有医疗服务项目价格必须严格执行主管部门核定的标准，以多种形式进行公示，便于患者随时查询，并按规定严格履行收费告知义务。

3. 医院价格管理部门及价格管理人员对患者及社会反映的有关医药价格问题应认真听取和解答，必要时向价格主管部门报告。

（五）医院收费清单管理

1. 医院（部门）应向就诊患者免费提供收费清单查询服务，凡患者或其家属要求提供收费清单的，应及时提供。

2. 住院费用结算清单内容包括：医疗服务项目、项目名称、计价单位、价格、服务次数和收费金额；药品及医用材料应注明每一种药品、材料的规格、数量和单价，每日免费向患者提供。患者对清单中所列项目价格提出疑问时，应做出明确解释；患者出院时，应按清单所列金额付费。

3. 各病区应免费提供住院患者在院费用的查询，热情接待患者对费用使用情况的询问，并耐心细致地解答;对不能解答的问题，要逐级汇报，严禁以各种理由推诿患者。

4. 门诊就诊也应在发票中列明项目名称、服务次数和收费金额等。

（六）医院医疗服务价格自查管理

医院价格管理部门在各院区建立医疗服务价格督查小组，定期组织本院区开展收费自查工作，对医疗服务价格的执行情况进行监督与检查。

1. 科主任为各科室价格管理第一责任人，负责协助医院价格管理部门完善科室价格管理制度，严格价格管理。各科室兼职价格管理人员为各科室价格管理直接责任人。

2. 收费督查小组由医务、护理、医保、财务、审计、纪检等相关部门人员组成。督查小组成员应积极认真对待收费核查工作，对科室超标准收费、重复收费、分解项目收费、串换项目收费、自立项目收费等行为进行认真审查。

3. 收费核查每次抽查费用清单（病历），每次核查结果应及时反馈被查科室并限期整改，核查及整改结果应以书面形式在院内公开，并做好奖惩。

4. 住院患者出院前，由所在科室对患者住院总费用进行复核，对因故未执行的收费医嘱要及时清退，并向患者和家属说明原因，确保收费与医嘱相符。

（七）医院价格投诉及反馈管理

1. 医院价格投诉由价格管理部门负责接待工作。

2. 接患者投诉后，价格管理部门应立即对投诉内容做好登记，展开细致调查，查清事情来龙去脉，查清主要责任科室和主要负责人，详细记录调查经过及结果。

3. 接投诉起 3 个工作日内，应将调查结果及初步处理意见书面通知相关责任科室，由责任科室联系患者处理投诉。责任科室不得以任何理由推诿患者或拒绝处理。

4. 经患者投诉被查实的违规价格行为，责任科室应及时整改。对于上级部门转给医院的投诉，安排专人回复并出具整改反馈报告。

（八）医院价格管理奖惩管理

根据《医疗保障基金使用监督管理条例》（国令第 735 号）文件精神，建立健全医院内部价格行为管理行为奖惩机制。

1. 医院应对下列科室或价格管理人员在绩效核算时予以奖励：

（1）严格遵照执行国家关于医药服务价格管理的相关规定。

（2）严格执行价格管理部门通知的各项收费标准，合理计价，做到应收则收，应收不漏收。

（3）受到医院上级行政管理部门的表扬。

2. 医院应对下列价格管理行为进行惩罚：

（1）在医院组织的收费自查中，发现有违反政策规定，分解项目重复收费、自立项目收费、随意套用项目收费、擅自提高收费标准和超范围收费等行为，一经查实，按违规收费金额核减科室当期绩效奖金。

（2）因违规收费被患者投诉，一经查实，除报科室业务主管部门追究科室或个人责任外，按违规收费金额核减责任科室当期计奖收入，扣减科室当期价格管理绩效考核分，视责任科室投诉处理及整改情况处以违规收费金额 3 倍以下罚款，从科室奖金中扣罚。

（3）因违规收费被相关主管部门查处或媒体曝光，一经查实，除报科室业务主管部门追究科室或个人责任外，按违规收费金额核减科室当期计奖收入，视整改情况，先扣除违规收费收入，再处以违规收费金额 5 倍以下罚款，或根据主管部门的处罚金额直接从科室奖金中扣罚。

（九）医疗服务价格政策文件档案管理

1. 对有关医药价格政策的文件实行专卷保存。对医药价格管理过程中的基础数据、专家意见、相关建议、内部讨论的会议纪要等基础资料，要做到记录完整、专卷保存。

2. 做好各类医院收费文件的档案接受、整理、统计、保管等工作（如新医疗项目的申报、医用耗材的申请、临时耗材的批复）。

3. 根据上级主管部门下发有关医疗及药品收费相关文

件，全院各相关部门价格管理员应按照文件严格执行。

4. 定期对相关文件进行归类整理并存档，以备随时查阅。各种价格收费文件应当按类别装订成册，妥善管理，便于查阅。

5. 价格管理部门下发的价格文件，应严格执行院内 OA 收文流程，并履行相关审批手续。

二、医院价格管理流程设计

（一）医疗服务价格申报流程

见图 8-3。

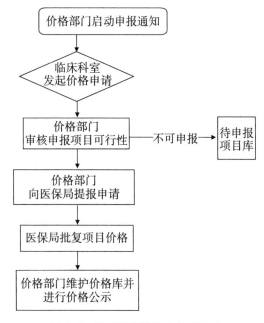

图 8-3 医疗服务价格申报流程图

（二）医疗服务项目调整流程

调整与维护属地医疗服务价格目录中已有项目，收费项目调整，科室床位收费调整。见图 8-4。

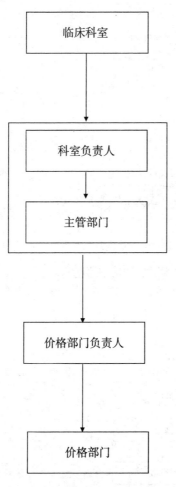

图 8-4 医疗服务项目调整流程图

（三）医用耗材收费审核流程

见图 8-5。

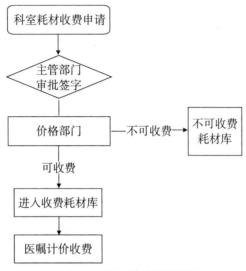

图 8-5 医用耗材收费审核流程图

（四）医疗价格投诉处理流程

见图 8-6。

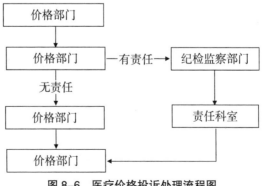

图 8-6 医疗价格投诉处理流程图

三、医院价格管理表单设计

(一) 医疗服务项目价格申报成本测算表单

见表 8-3。

表 8-3　医疗服务项目价格申报成本测算表

医疗服务项目概况							
项目名称		项目编码		计价单位		除外内容		项目成本	
项目内涵						项目报价	
成本测算							
一、基本物料消耗					二、基本人力成本			
材料名称	计量单位	单价	用量	每次费用	人员职别	操作人数	占用工时（小时）	平均工时成本	每次应摊费用
1. 一次性医用材料消耗									
					小计				
					三、设备折旧				
					资产名称	原值	使用期限	占用时间（小时）	每次应摊费用
2. 共用药品、耗材消耗									
					小计				

3. 低值耗材消耗					四、间接费用		
引流装置	个	50	1	50.00	项目名称	计费标准	每次费用
					1. 分摊管理费用	按一至三项费用合计 12%计算	
					2. 技术难度赋值		
					3. 风险程度赋值		
						小计	
小计					成本合计(一至四项费用相加)		

说明:
1. 医疗服务项目概况中的项目名称、编码、单位、除外和价格等分别根据新、旧版版本的《医疗服务项目》分项填列
2. 一次性医用材料指该项目操作过程中应当使用的一次性的、数量和价格稳定的耗材,如注射用的注射器
3. 共用药品、耗材指项目操作过程中应当使用的多个患者共用的药品或耗材,如眼科散瞳使用的阿托品
4. 低值耗材是指该项目操作过程中应当使用的不可单独收费的常规低值耗材,如纱布、酒精、棉球等,各档平均成本如下:1 档:<5 元,2 档:5~10 元,3 档:11~15 元,4 档:16~20 元,5 档:21~30 元,6 档:31~50 元,7 档:51~70 元,8 档:71~90 元,9 档:91~100 元
5. 基本人力成本按各类人员平均工时成本计算,平均工时成本=该类人员全年薪酬标准/该类人员数/(12 个月×22 天×8 小时)
6. 设备折旧按额定折旧率计算
7. 间接费用中分摊管理费用按直接成本 (即基本物料+基本人力+折旧摊销) 12%计算
8. 间接费用中技术难度及风险程度赋值按主管局有关规定计算

（二）医院物价收费核查登记表单

见表 8-4。

表 8-4　医院物价收费核查登记表

患者姓名		住院号	科室	床号
收费项目/按日	实际天数	收费天数	单价	违规金额
收费项目/按次	医嘱次数	收费次数	单价	违规金额
收费项目/按小时	实际用时	收费小时	单价	违规金额
有无收、乱收现象：				
有无少收、漏收现象：				
其他不规范收费现象：				

核查人：　　　　　　　复核人：　　　　　　核查日期：　　年　　月　　日

(三) 医疗服务价格公示表单

见表 8-5。

表 8-5 医疗服务价格公示表

序号	项目名称	项目内涵	计价单位	单价	计价说明

（四）医疗服务项目调整表单

见表 8-6。

表 8-6　医疗服务项目调整表

科室		日期	
项目名称		项目代码	
调整要求			
申请理由	负责人签字： 　　　年　　月　　日		
医务处意见			
医保处意见			

本表一式三份,科室留存一份备案,医务处留存一份备案,医保处留存一份。

（五）医疗耗材审核表单

见表 8-7。

表 8-7　医用耗材收费属性核定表

序号	使用科室	注册证名	审计价（元）/单位	10位政策标识码	是否可单独收费	医保通用名	参考依据	政策文件除外内容	备注

复核人：　　　　　　　　　　　　　　　　审核人：

（六）医疗价格投诉处理表单

见表 8-8。

表 8-8 医疗价格投诉处理表

患者姓名		门诊/住院		住院号	
就诊日期		联系电话		投诉方式	
投诉内容：					
调查结果：					
处理意见：					
处理结果：					
签字：				年 月 日	

注：请科室在处理结果处签字确认。

第四节　医院价格实施督查与考核

医疗服务价格监督检查是医院贯彻执行国家价格政策和法规，维护患者健康权益的重要措施。在梳理医院收费行为面临的国家、属地方面全过程、全要素、常态化价格监管政策环境的基础上，深刻分析了常态化收费价格监管对医院价格管理和医疗服务提供行为的影响，提出的配合收费价格监管策略包括：积极与政府监管部门进行沟通，反馈问题，整改到位，打造阳光收费医院；针对专项检查发现的问题，改进业务流程和价格监督，建立长效管理机制；结合智能监管系统的审核，事前实时提醒，防范和减少医疗违规收费行为。

一、医院收费价格监督与自查体系设计

（一）建立医院医疗服务价格监督、检查制度

建立医疗服务价格监督体系，定期或不定期地对医疗服务价格的执行情况进行监督、检查。由院领导牵头，价格管理人员及各职能部门组成的医疗服务价格检查小组，定期或不定期对科室超标准收费、重复收费、分解项目收费、串换项目收费、自立项目收费等行为进行审查或抽查，发现问题，督促临床科室及时改正，及时向院领导及相关职能部门报告，并提出处理意见。

（二）健全医院内部价格行为的奖惩制度

价格管理部门在对各科室价格收费检查中发现的不合理收费应及时纠正，拒不整改的，上报至医院价格管理委员会对其进行处罚；对严格执行价格政策、服务质量好、规范收费的科室，提出建议给予奖励。奖罚分明，将价格管理工作纳入医院科室综合目标考核内容，作为科室绩效考核的重要指标。

（三）组织价格专项检查

价格管理委员会每年定期组织医务、护理、招投标采购部门、药学、医保等相关职能部门对各院区的收费行为进行专项检查并形成检查报告。每年不定期组织价格管理人员抽查科室收费行为，尤其是对投诉较多、以往发现问题较多的科室进行监督检查。使临床科室及时了解上级价格部门下发的医疗服务价格政策；指导临床、医技科室正确执行医药价格政策；听取科室对价格政策方面的意见和建议；指导科室合理、合规收费；对价格收费相关政策进行宣讲；对临床提出的相关收费问题进行记录；指导临床、医技科室正确执行医药价格政策，并将检查结果反馈科室，对不规范收费行为及时纠正并形成检查报告上报院领导。

二、医院收费价格考核与评价指标设计

见表8-9。

表 8-9　医院收费价格考核与评价指标设计表

考核内容	考核项目	分值	评价标准
合理诊疗	过度诊疗	8	违反诊疗规范实施不必要的诊疗项目或实施与疾病关联性不高的诊疗项目的行为
	过度检查	8	医疗服务提供方违反诊疗规范实施不必要的检查项目或实施与疾病关联性不高的检查项目的行为
	无指征治疗	8	例如：将肿瘤相关抗原测定等检查作为入院常规检查
	超限定范围用药	8	检查病案及各类医保核减反馈中，发现无指征用药或超限定范围用药 例如：司琼类注射液限放化疗且吞咽困难患者
	辅助用药抗生素的不合理使用	8	例如：使用抗生素无药敏试验等
	超标准超剂量开药	8	超出规定剂量开药的行为 例如：出院带药，只能提供与疾病治疗有关的药品（限口服药）
价格收费督查	重复收费	10	对某一项诊疗服务项目按多个项目进行收费的行为 例如：一、二、三级护理、特级护理、新生儿护理等项目之间重复收费等 特级、一级护理费后重复收取口腔护理、压疮护理、管路护理等。不足半日的未减半收费
	超标准收费	10	医疗服务的收费标准高于国家、省（自治区、直辖市）、市相关部门规定的价格标准 一级护理使用不规范，无指征使用一级护理且住院全程收取一级护理

考核内容	考核项目	分值	评价标准
价格收费督查	分解项目收费	10	一个项目按照多项目收费标准进行收费的行为 例如：重症监护项目内涵中包括血氧饱和度监测，实际收取重症监护费后同时收取血氧饱和度监测
	虚增收费	10	参保患者病历中记录的医保范围内的诊疗项目、检查、耗材、药品等费用与患者实际治疗发生的费用不相符 例如：收取心电监测费用，在无血氧监测医嘱下，同时加收指脉氧监测或血氧饱和度监测
	串换药品、医用耗材、诊疗项目和服务设施	12	将医保不予支付的医疗服务项目、药品、耗材等非目录内项目串换成医保目录内的医疗服务项目、药品、耗材等进行报销，或将低标准收费项目套入高标准收费项目结算 例如：血管内皮生长因子串换为药物血管功能试验收费等

第五节　医院服务价格管理信息化建设

随着网络信息技术应用的进步，我国进入了大数据信息时代，医院内部价格体系建设都需要通过信息技术实现现代化运转。各种价格管理进入医院内部控制体系，这些信息系统不仅规范了医院运行，还大幅度提高了医院的经营效益。因此，探索适合于现阶段的医疗收费信息化管理流程是医院发展的需要。

一、医疗服务项目标准化管理（一体化）

标准化管理是源于工业化生产过程中的一种管理模式，美国人泰勒提出利用标准条件，根据标准操作进行标准作业，完成按标准时间计算出来的生产定额，超额者奖励，完不成定额者受罚。现代公立医疗机构多是"一院多区"运营，各院区是独立主体差异化运行，公立医疗机构收费价格又是政府统一管控，实施同一套医疗服务价格收费标准，这就要求医院在多个院区实现统一收费价格目录设置，实现标准化管理与一体化发展。

（一）价格专人专管

医院下设专职物价管理办公室，制定《医院价格管理信息化制度》，由专人负责价格网络系统中医疗服务价格项目、药品价格、卫生耗材价格维护设置工作，其他人员无修改价格和设置项目的权限。

（二）项目锁定权限

按省、区、市物价部门的规定，将属地医疗服务价格文件所制定的价格标准以及收费项目设置在电子网络中，并锁定密码，收费操作人员无法自行修改价格标准和无法自设收费项目，使价格标准规范化。

（三）医嘱联动收费

将标准化的收费目录与标准化的医嘱条目逐条对应，

建立对应关系。将患者临床信息转换为医院经济管理信息，使医嘱指令与收费项目、收费结算、费用查询，避免重复录入、收集、统计，保证了数据及时准确、费用信息共享，并由计算机按医嘱执行情况自动计价。

二、医疗服务价格规范化管理

近年来，中共中央国务院颁布的相关文件《"健康中国2030"规划纲要》《国家信息化发展战略纲要》《国务院促进大数据发展行动纲要》《国务院办公厅关于促进和规范健康医疗大数据应用发展的指导意见》等从顶层的宏观设计层面对医院建设的安全、质量、公平、疾病负担等提出了政策性要求。智慧价格管理系统建设以业务需求为导向、信息系统建设为基础，贯彻落实《关于进一步加强基本医疗保险医疗服务监管的意见》精神，更好维护参保人员利益，保障基金安全，实现医疗保险可持续发展，逐步实现对门诊、住院、购药等各类医疗收费行为的全面、及时、高效监控。主要是通过建设智慧价格管理系统，实现现代医院"一院多区"价格管理规则的标准化、收费审核的标准化与结算监管的标准化。该系统是在医保审核前置思路下，"事前提示、事中监督、事后纠正"的多层次、多手段、全流程监管体系，合理控制风险，保障医院价格管理的规范化。见图 8-7。

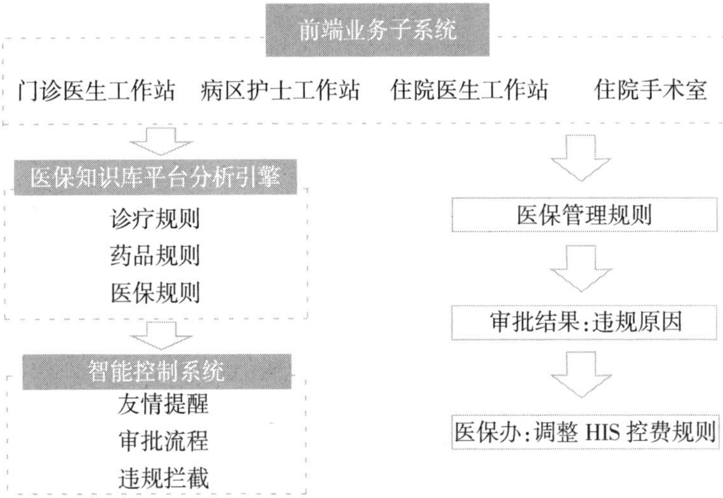

图 8-7　智慧价格管理系统运行性流程架构图

规则管控。主要包含收费规则管理、规则监控提醒以及医保拒付管理/医保违规稽查。系统可将临床违规行为进行归纳总结，分为若干类规则，如超量用药、超频次用药、重复用药等，医院可根据医保政策并结合医院自身的管理要求，进行规则内容配置；多维分析主要包括今日违规分析、事中违规分析和事后违规分析。可对违规次数/金额、违规种类、违规药品/项目等指标进行趋势分析、排名分析、对比分析；知识库主要包括标准规则知识库和高级规则知识库；专题分析主要通过多维数据对比分析上线事中规则管控后事中管控成效；工作台展示主要面向不同用户角色展示主要功能和分析内容。

业务流程。门诊医生站、住院医生站、病区护士站等前端业务系统在开具处方、医嘱、补记账等操作时调用医保控费知识库智能引擎，分析引擎以诊疗规则、药品规则和医保规则为基础，分析结果为违规的情况下，可通过友情提醒、审批流程和违规拦截等多种灵活的干预手段通知医生更改就诊方案，同时医保办可通过管理端对全院规则进行动态管理，可通过分析数据了解全院控费效果，并对控费规则内容进行实时调整。

控制方式。系统提供七种不同的控制方式，包括提醒控制、阻断控制、审批控制、填写理由、超限自费使用、自费使用、强提醒控制，医院根据自身的管理需求，灵活设置，实现不同的规则调用效果。

三、医疗服务项目价格持续改进

智慧价格管理系统，通过构建多版本医保收费规则知识库，精准降低收费核减费用，满足不同层级价格管理需求；通过总额预算与分解，合理配置医保费用；通过多维分析，实现医保监控全流程管理，规范诊疗行为，减少医保拒付的风险。

一是促进医疗行为规范，提升医疗服务质量。

通过建设价格政策知识库，在医生开具医嘱或处方时，系统自动调用知识库分析引擎，对当前处方收费情况进行合理性审核，对有疑问的处方，系统会智能提醒医生，方便医生及时修正，辅助医院促进医疗行为规范，提高医疗服务质量。

二是合理配置医疗费用，树立各科室目标意识。

根据总额付费、DRG 打包付费、病种限额付费等不同的医保付费方式，通过信息系统将付费额度指标进行多个维度分解，如年度指标分解至季度或月度、按科室维度进行分解、按医生维度进行分解等多种分解方式合理配置医疗费用。

三是构建多版本规则知识库，满足不同层级医保管理需求。

依据医保三大收费目录及医保飞检中药品和项目限制内容编制标准规则知识库，以满足医院当前应对医保核减使用场景；在标准规则知识库基础上，进一步依据临床用药、医疗耗材等规则内容完善知识库，以满足医院应对医保核减之外的合理诊疗等精细化管理需求。

四是多维度分析，促进精细化管理。

通过对违规情况进行当日、事中、事后违规分析，以实现对违规情况的全流程监控，不断完善底层规则建设，合理配置医疗资源，促进医保的精细化管理。

医疗收费作为医院储备资金转化为货币资金形成业务收入的主要方式，对医院的生存与发展起到举足轻重的作用。近年来，随着医保支付改革政策的实施，公立医院需要正确理解、严格执行国家规定的收费标准，及时掌握国家各种相关收费政策，并根据公立医院的价格管理机制和价格管理部门运行机制合理地开发一个公立医院价格管理系统，这样才能让公立医院更加迎合大数据时代的发展要求，以与时俱进的信息化管理技术实现公立医院的内外双向发展。

主要参考文献

[1]李建平，安乔治.价格学原理[M].北京：中国人民大学出版社，2015.

[2]王德章.价格学[M].2版.北京：中国人民大学出版社，2011.

[3]赵小平.价格管理实务[M].北京：中国市场出版社，2005.

[4]曹荣桂.医院管理学[M].北京：人民卫生出版社，2003.

[5]王良钺，何钟，刘玉，等.完善医疗服务价格项目，规范医疗机构收费行为[J].中国卫生经济，2007(3)：46-47.

[6]张奉坤，高文东.医疗服务价格管理的几个问题[J].中外医疗，2009(1)：112.

[7]郭思敏，李润汉.医疗服务价格政策对医院收入结构的影响[J].现代医院，2009(2)：119-120.

[8]吴焱.规范医疗服务价格管理的思考[J].卫生经济研究，2008(11)：43.

[9]张玉坤.医疗服务价格评价指标体系的应用[J].中国医院管理，2008(8)：46.

[10]张柯庆，金苏华.浅议医疗服务价格管理中存在的问题及对策[J].卫生经济研究，2008(7)：49-50.

[11]国家医疗保障局.深化医疗服务价格改革试点方案[Z].中国政府网，2021.

[12]医疗保障基金使用监督管理条例（国务院令第735号）[Z].中国政府网，2021.

附　　录

附录一　《中华人民共和国价格法》

《中华人民共和国价格法》是为了规范价格行为，发挥价格合理配置资源的作用，稳定市场价格总水平，保护消费者和经营者的合法权益，促进社会主义市场经济健康发展而制定的法律。

由 1997 年 12 月 29 日第八届全国人民代表大会常务委员会第二十九次会议通过，中华人民共和国主席令第 92 号公布。自 1998 年 5 月 1 日起施行。

第一章　总　　则

第一条　为了规范价格行为，发挥价格合理配置资源的作用，稳定市场价格总水平，保护消费者和经营者的合法权益，促进社会主义市场经济健康发展，制定本法。

第二条　在中华人民共和国境内发生的价格行为，适用本法。

本法所称价格包括商品价格和服务价格。

商品价格是指各类有形产品和无形资产的价格。

服务价格是指各类有偿服务的收费。

第三条　国家实行并逐步完善宏观经济调控下主要由市场形成价格的机制。价格的制定应当符合价值规律，大多数商品和服务价格实行市场调节价，极少数商品和服务价格实行政府指导价或者政府定价。

市场调节价，是指由经营者自主制定，通过市场竞争形成的价格。

本法所称经营者是指从事生产、经营商品或者提供有偿服务的法人、其他组织和个人。

政府指导价，是指依照本法规定，由政府价格主管部门或者其他有关部门，按照定价权限和范围规定基准价及其浮动幅度，指导经营者制定的价格。

政府定价，是指依照本法规定，由政府价格主管部门或者其他有关部门，按照定价权限和范围制定的价格。

第四条　国家支持和促进公平、公开、合法的市场竞争，维护正常的价格秩序，对价格活动实行管理、监督和必要的调控。

第五条　国务院价格主管部门统一负责全国的价格工作。国务院其他有关部门在各自的职责范围内，负责有关的价格工作。

县级以上地方各级人民政府价格主管部门负责本行政区域内的价格工作。县级以上地方各级人民政府其他有关部门在各自的职责范围内，负责有关的价格工作。

第二章　经营者的价格行为

第六条　商品价格和服务价格，除依照本法第十八条规定适用政府指导价或者政府定价外，实行市场调节价，由经营者依照本法自主制定。

第七条　经营者定价，应当遵循公平、合法和诚实信用的原则。

第八条　经营者定价的基本依据是生产经营成本和市场供求状况。

第九条　经营者应当努力改进生产经营管理，降低生产经营成本，为消费者提供价格合理的商品和服务，并在市场竞争中获取合法利润。

第十条　经营者应当根据其经营条件建立、健全内部价格管理制度，准确记录与核定商品和服务的生产经营成本，不得弄虚作假。

第十一条　经营者进行价格活动，享有下列权利：

（一）自主制定属于市场调节的价格；

（二）在政府指导价规定的幅度内制定价格；

（三）制定属于政府指导价、政府定价产品范围内的新产品的试销价格，特定产品除外；

（四）检举、控告侵犯其依法自主定价权利的行为。

第十二条　经营者进行价格活动，应当遵守法律、法规，执行依法制定的政府指导价、政府定价和法定的价格干预措施、紧急措施。

第十三条　经营者销售、收购商品和提供服务，应当按照政府价格主管部门的规定明码标价，注明商品的品名、产地、规格、等级、计价单位、价格或者服务的项目、收费标准等有关情况。

经营者不得在标价之外加价出售商品，不得收取任何未予标明的费用。

第十四条　经营者不得有下列不正当价格行为：

（一）相互串通，操纵市场价格，损害其他经营者或者消费者的合法权益；

（二）在依法降价处理鲜活商品、季节性商品、积压商品等商品外，为了排挤竞争对手或者独占市场，以低于成本的价格倾销，扰乱正常的生产经营秩序，损害国家利益或者其他经营者的合法权益；

（三）捏造、散布涨价信息，哄抬价格，推动商品价格过高上涨的；

（四）利用虚假的或者使人误解的价格手段，诱骗消费者或者其他经营者与其进行交易；

（五）提供相同商品或者服务，对具有同等交易条件的其他经营者实行价格歧视；

（六）采取抬高等级或者压低等级等手段收购、销售商品或者提供服务，变相提高或者压低价格；

（七）违反法律、法规的规定牟取暴利；

（八）法律、行政法规禁止的其他不正当价格行为。

第十五条　各类中介机构提供有偿服务收取费用，应当遵守本法的规定。法律另有规定的，按照有关规定执行。

第十六条　经营者销售进口商品、收购出口商品，应当遵守本章的有关规定，维护国内市场秩序。

第十七条　行业组织应当遵守价格法律、法规，加强价格自律，接受政府价格主管部门的工作指导。

第三章 政府的定价行为

第十八条 下列商品和服务价格，政府在必要时可以实行政府指导价或者政府定价：

（一）与国民经济发展和人民生活关系重大的极少数商品价格；

（二）资源稀缺的少数商品价格；

（三）自然垄断经营的商品价格；

（四）重要的公用事业价格；

（五）重要的公益性服务价格。

第十九条 政府指导价、政府定价的定价权限和具体适用范围，以中央的和地方的定价目录为依据。

中央定价目录由国务院价格主管部门制定、修订，报国务院批准后公布。

地方定价目录由省、自治区、直辖市人民政府价格主管部门按照中央定价目录规定的定价权限和具体适用范围制定，经本级人民政府审核同意，报国务院价格主管部门审定后公布。

省、自治区、直辖市人民政府以下各级地方人民政府不得制定定价目录。

第二十条 国务院价格主管部门和其他有关部门，按照中央定价目录规定的定价权限和具体适用范围制定政府指导价、政府定价；其中重要的商品和服务价格的政府指导价、政府定价，应当按照规定经国务院批准。

省、自治区、直辖市人民政府价格主管部门和其他有关部门，应当按照地方定价目录规定的定价权限和具体适用范围制定在本地区执行的政府指导价、政府定价。

市、县人民政府可以根据省、自治区、直辖市人民政府的授权，按照地方定价目录规定的定价权限和具体适用范围制定在本地区执行的政府指导价、政府定价。

第二十一条　制定政府指导价、政府定价，应当依据有关商品或者服务的社会平均成本和市场供求状况、国民经济与社会发展要求以及社会承受能力，实行合理的购销差价、批零差价、地区差价和季节差价。

第二十二条　政府价格主管部门和其他有关部门制定政府指导价、政府定价，应当开展价格、成本调查，听取消费者、经营者和有关方面的意见。

政府价格主管部门开展对政府指导价、政府定价的价格、成本调查时，有关单位应当如实反映情况，提供必需的账簿、文件以及其他资料。

第二十三条　制定关系群众切身利益的公用事业价格、公益性服务价格、自然垄断经营的商品价格等政府指导价、政府定价，应当建立听证会制度，由政府价格主管部门主持，征求消费者、经营者和有关方面的意见，论证其必要性、可行性。

第二十四条　政府指导价、政府定价制定后，由制定价格的部门向消费者、经营者公布。

第二十五条　政府指导价、政府定价的具体适用范围、价格水平，应当根据经济运行情况，按照规定的定价权限和程序适时调整。

消费者、经营者可以对政府指导价、政府定价提出调整建议。

第四章　价格总水平调控

第二十六条　稳定市场价格总水平是国家重要的宏观经济政策目标。国家根据国民经济发展的需要和社会承受能力，确定市场价格总水平调控目标，列入国民经济和社会发展计划，并综合运用货币、财政、投资、进出口等方面的政策和措施，予以实现。

第二十七条　政府可以建立重要商品储备制度，设立价格调节基金，调控价格，稳定市场。

第二十八条　为适应价格调控和管理的需要，政府价格主管部门应当建立价格监测制度，对重要商品、服务价格的变动进行监测。

第二十九条　政府在粮食等重要农产品的市场购买价格过低时，可以在收购中实行保护价格，并采取相应的经济措施保证其实现。

第三十条　当重要商品和服务价格显著上涨或者有可能显著上涨，国务院和省、自治区、直辖市人民政府可以对部分价格采取限定差价率或者利润率、规定限价、实行提价申报制度和调价备案制度等干预措施。

省、自治区、直辖市人民政府采取前款规定的干预措施，应当报国务院备案。

第三十一条　当市场价格总水平出现剧烈波动等异常状态时，国务院可以在全国范围内或者部分区域内采取临时集中定价权限、部分或者全面冻结价格的紧急措施。

第三十二条　依照本法第三十条、第三十一条的规定实行干预措施、紧急措施的情形消除后，应当及时解除干预措施、紧急措施。

第五章　价格监督检查

第三十三条　县级以上各级人民政府价格主管部门，依法对价格活动进行监督检查，并依照本法的规定对价格违法行为实施行政处罚。

第三十四条　政府价格主管部门进行价格监督检查时，可以行使下列职权：

（一）询问当事人或者有关人员，并要求其提供证明材料和与价格违法行为有关的其他资料；

（二）查询、复制与价格违法行为有关的账簿、单据、凭证、文件及其他资料，核对与价格违法行为有关的银行资料；

（三）检查与价格违法行为有关的财物，必要时可以责令当事人暂停相关营业；

（四）在证据可能灭失或者以后难以取得的情况下，可以依法先行登记保存，当事人或者有关人员不得转移、隐匿或者销毁。

第三十五条　经营者接受政府价格主管部门的监督检查时，应当如实提供价格监督检查所必需的账簿、单据、凭证、文件以及其他资料。

第三十六条　政府部门价格工作人员不得将依法取得的资料或者了解的情况用于依法进行价格管理以外的任何其他目的，不得泄露当事人的商业秘密。

第三十七条　消费者组织、职工价格监督组织、居民委员会、村民委员会等组织以及消费者，有权对价格行为进行社会监督。政府价格主管部门应当充分发挥群众的价格监督作用。

新闻单位有权进行价格舆论监督。

第三十八条 政府价格主管部门应当建立对价格违法行为的举报制度。

任何单位和个人均有权对价格违法行为进行举报。政府价格主管部门应当对举报者给予鼓励，并负责为举报者保密。

第六章 法 律 责 任

第三十九条 经营者不执行政府指导价、政府定价以及法定的价格干预措施、紧急措施的，责令改正，没收违法所得，可以并处违法所得五倍以下的罚款；没有违法所得的，可以处以罚款；情节严重的，责令停业整顿。

第四十条 经营者有本法第十四条所列行为之一的，责令改正，没收违法所得，可以并处违法所得五倍以下的罚款；没有违法所得的，予以警告，可以并处罚款；情节严重的，责令停业整顿，或者由工商行政管理机关吊销营业执照。有关法律对本法第十四条所列行为的处罚及处罚机关另有规定的，可以依照有关法律的规定执行。

有本法第十四条第（一）项、第（二）项所列行为，属于是全国性的，由国务院价格主管部门认定；属于是省及省以下区域性的，由省、自治区、直辖市人民政府价格主管部门认定。

第四十一条 经营者因价格违法行为致使消费者或者其他经营者多付价款的，应当退还多付部分；造成损害的，应当依法承担赔偿责任。

第四十二条　经营者违反明码标价规定的，责令改正，没收违法所得，可以并处五千元以下的罚款。

第四十三条　经营者被责令暂停相关营业而不停止的，或者转移、隐匿、销毁依法登记保存的财物的，处相关营业所得或者转移、隐匿、销毁的财物价值一倍以上三倍以下的罚款。

第四十四条　拒绝按照规定提供监督检查所需资料或者提供虚假资料的，责令改正，予以警告；逾期不改正的，可以处以罚款。

第四十五条　地方各级人民政府或者各级人民政府有关部门违反本法规定，超越定价权限和范围擅自制定、调整价格或者不执行法定的价格干预措施、紧急措施的，责令改正，并可以通报批评；对直接负责的主管人员和其他直接责任人员，依法给予行政处分。

第四十六条　价格工作人员泄露国家秘密、商业秘密以及滥用职权、徇私舞弊、玩忽职守、索贿受贿，构成犯罪的，依法追究刑事责任；尚不构成犯罪的，依法给予处分。

第七章　附　　则

第四十七条　国家行政机关的收费，应当依法进行，严格控制收费项目，限定收费范围、标准。收费的具体管理办法由国务院另行制定。

利率、汇率、保险费率、证券及期货价格，适用有关法律、行政法规的规定，不适用本法。

第四十八条　本法自 1998 年 5 月 1 日起施行。

附录二 《深化医疗服务价格改革试点方案》
（医保发〔2021〕41 号）

深化医疗服务价格改革是推进医疗保障和医疗服务高质量协同发展的重要举措。按照党中央、国务院关于深化医疗保障制度改革任务部署，为加快建立科学确定、动态调整的医疗服务价格形成机制，持续优化医疗服务价格结构，现制定本方案。

一、总体要求

（一）指导思想。以习近平新时代中国特色社会主义思想为指导，深入贯彻党的十九大和十九届二中、三中、四中、五中全会精神，坚持以人民健康为中心、以临床价值为导向、以医疗事业发展规律为遵循，建立健全适应经济社会发展、更好发挥政府作用、医疗机构充分参与、体现技术劳务价值的医疗服务价格形成机制，坚持公立医疗机构公益属性，建立合理补偿机制，调动医务人员积极性，促进医疗服务创新发展，提高医疗卫生为人民服务的质量和水平，控制人民群众医药费用负担，保障人民群众获得高质量、有效率、能负担的医疗卫生服务。

（二）总体思路。规范管理医疗服务价格项目，建立符合价格规律的计价单元体系。统筹兼顾医疗事业发展需要和各方承受能力，调控医疗服务价格总体水平。探索政府指导和公立医疗机构参与相结合的价格形成机制，充分发挥公立医疗机构专业优势，合理确定医疗服务价格。建立灵敏有度的价格动态调整机制，明确调价的启动条件和约束条件，发挥价格合理补偿功能，稳定调价预期、理顺比价关系，确保群众负担总体稳定、医保基金可承受、公立医疗机构健康发展可持续。强化大数据和信息化支撑作用，加强公立医疗机构价格监测评估考核，确保价格机制稳定运行。坚持系统观念，统筹推进公立医院补偿机制、分级诊疗、医疗控费、医保支付等相关改革，完善激励约束机制，增强改革的系统性、整体性、协同性，形成综合效应。

（三）改革目标。通过3至5年的试点，探索形成可复制可推广的医疗服务价格改革经验。到2025年，深化医疗服务价格改革试点经验向全国推广，分类管理、医院参与、科学确定、动态调整的医疗服务价格机制成熟定型，价格杠杆功能得到充分发挥。

二、建立目标导向的价格项目管理机制

（四）制定价格项目编制规范。按照服务产出为导向、医疗人力资源消耗为基础、技术劳务与物耗分开的原则，制定国家价格项目编制规范。明确医疗技术或医疗活动转化为价格项目的立项条件和管理规则，厘清价格项目与临床诊疗技术规范、医疗机构成本要素、不同应用场景加收标准等的政策边界。构建内涵边界清晰、适应临床诊疗、便于评价监管的价格项目体系。

（五）完善全国价格项目规范。在充分听取临床专家等意见基础上，分类整合现行价格项目，完善全国医疗服务价格项目规范，统一价格项目编码，逐步消除地区间差异。实现价格项目与操作步骤、诊疗部位等技术细节脱钩，增强现行价格项目对医疗技术和医疗活动改良创新的兼容性，合理压减项目数量。医用耗材从价格项目中逐步分离，发挥市场机制作用，实行集中采购、"零差率"销售。

（六）优化新增价格项目管理。简化新增价格项目申报流程，加快受理审核进度，促进医疗技术创新发展和临床应用。对资源消耗大、价格预期高的新增价格项目，开展创新性、经济性评价。对优化重大疾病诊疗方案或填补诊疗空白的重大创新项目，开辟绿色通道，保障患者及时获得更具有临床价值和成本效益的医疗服务。

三、建立更可持续的价格管理总量调控机制

（七）加强医疗服务价格宏观管理。根据经济发展水平、医疗技术进步和各方承受能力，对公立医疗机构医疗服务价格调整总量实行宏观管理，控制医药费用过快增长，提升价格管理的社会效益。在价格调整总量范围内突出重点、有升有降调整医疗服务价格，发挥价格工具的杠杆作用。

（八）合理确定价格调整总量。建立健全价格调整总量的确定规则和指标体系。以区域内公立医疗机构医疗服务总费用为基数，综合考虑地区经济发展水平、医药总费用规模和结构、医保基金筹资运行、公立医疗机构运行成本和管理绩效、患者跨区域流动、新业态发展等因素，确定一定时期内公立医疗机构医疗服务价格调整的总金额。

（九）统筹平衡总量分配。地区间价格调整总量增速要快慢结合，促进增加医疗资源有效供给，提高均等化水平。医疗费用增速过快的地区要严格控制增长。公立医疗机构间价格调整总量有保有压，体现合理回报、激励先进，反映各级各类公立医疗机构功能定位、服务特点，支持薄弱学科、基层医疗机构和中医医疗服务发展，促进分级诊疗。

四、建立规范有序的价格分类形成机制

（十）通用型医疗服务的政府指导价围绕统一基准浮动。医疗机构普遍开展、服务均质化程度高的诊察、护理、床位、部分中医服务等列入通用型医疗服务目录清单。基于服务要素成本大数据分析，结合宏观指数和服务层级等因素，制定通用型医疗服务政府指导价的统一基准，不同区域、不同层级的公立医疗机构可在一定范围内浮动实施，促进通用型医疗服务规范化标准化和成本回收率均等化。

（十一）复杂型医疗服务的政府指导价引入公立医疗机构参与形成。未列入通用型医疗服务目录清单的复杂型医疗服务，构建政府主导、医院参与的价格形成机制，尊重医院和医生的专业性意见建议。公立医疗机构在成本核算基础上按规则提出价格建议。各地集中受理，在价格调整总量和规则范围内形成价格，严格控制偏离合理价格区间的过高价格，统一公布政府指导价。建立薄弱学科的调查监测和政策指引机制，允许历史价格偏低、医疗供给不足的薄弱学科项目价格优先调整，推动理顺比价关系。充分考虑中医医疗服务特点，支持中医传承创新发展。支持技术难度大、风险程度高、确有必要开展的医疗服务适当体现价格差异。引导公立医疗机构加强成本管理和精算平衡、统筹把握调价项目数量和幅度，指导公立医疗机构采取下调偏高价格等方式扩大价格调整总量。

（十二）特需服务和试行期内新增项目实行市场调节价。公立医疗机构确定特需服务和试行期内新增项目（试行期1至2年）的价格，并报医疗服务价格主管部门备案。定价要遵守政府制定的价格规则，与医院等级、专业地位、功能定位相匹配，定价增加的医疗服务费用占用价格调整总量。严格控制公立医疗机构实行市场调节价的收费项目和费用所占比例，不超过全部医疗服务的10%。新增项目试行期满后，按通用型或复杂型项目进行管理。

五、建立灵敏有度的价格动态调整机制

（十三）通用型医疗服务项目价格参照收入和价格指数动态调整。通用型医疗服务项目基准价格参照城镇单位就业人员平均工资、居民消费价格指数变化进行定期评估、动态调整。城镇单位就业人员平均工资累计增幅达到触发标准、居民消费价格指数低于一定水平的，按规则调整基准价格。

（十四）复杂型医疗服务项目价格经评估达标定期调整。建立健全调价综合评估指标体系，将医药卫生费用增长、医疗服务收入结构、要素成本变化、药品和医用耗材费用占比、大型设备收入占比、医务人员平均薪酬水平、医保基金收支结余、患者自付水平、居民消费价格指数等指标列入评估范围，明确动态调整的触发标准和限制标准。定期开展调价评估，符合标准时集中启动和受理公立医疗机构提出的价格建议。

（十五）建立医疗服务价格专项调整制度。为落实药品和医用耗材集中带量采购等重大改革任务、应对突发重大公共卫生事件、疏导医疗服务价格突出矛盾、缓解重点专科医疗供给失衡等，根据实际需要启动医疗服务价格专项调整工作，灵活选择调价窗口期，根据公立医疗机构收入、成本等因素科学测算、合理确定价格调整总量和项目范围，有升有降调整价格。

六、建立严密高效的价格监测考核机制

（十六）加强公立医疗机构价格和成本监测。监测公立医疗机构重要项目价格变化。实行医疗服务价格公示、披露制度，编制并定期发布医疗服务价格指数。对监测发现医疗服务价格异常、新增项目定价偏高的，必要时组织开展成本调查或监审、成本回收率评价、卫生技术评估或价格听证，防止项目价格畸高畸低。

（十七）做好医疗服务价格改革评估。密切跟踪医疗服务价格项目管理机制改革进展，定期评估新增项目执行效果。全面掌握医疗服务价格总量调控和动态调整执行情况，定期评估调价对公立医疗机构运行、患者和医保基金负担等的影响。密切跟踪价格分类形成机制落实情况，定期评估区域间、学科间比价关系。科学运用评估成果，与制定和调整医疗服务价格挂钩，支撑医疗服务价格新机制稳定高效运行。

（十八）实行公立医疗机构价格责任考核制度。制定公立医疗机构医疗服务价格主体责任考核办法。稽查公立医疗机构内部价格管理和定价的真实性、合规性，检查公立医疗机构医疗服务价格执行情况，考核公立医疗机构落实改革任务、遵守价格政策、加强经营管理、优化收入结构、规范服务行为等情况。稽查、检查和考核结果与公立医疗机构价格挂钩。

七、完善价格管理的支撑体系

（十九）优化医疗服务价格管理权限配置。医疗服务价格项目实行国家和省两级管理。医疗服务价格水平以设区的市属地化管理为基础，国家和省级医疗保障部门可根据功能定位、成本结构、医疗

技术复杂程度等，对部分医疗服务的价格进行政策指导。

（二十）完善制定和调整医疗服务价格的规则程序。周密设计各类医疗服务价格制定和调整的规则，减少和规范行政部门自由裁量权，确保医疗服务价格形成程序规范、科学合理。建立调价公示制度。加强事前的调价影响分析和社会风险评估，重点关注特殊困难群体，主动防范和控制风险。依法依规改革完善优化医疗服务定调价程序，采取多种形式听取意见。

（二十一）加强医疗服务价格管理能力建设。健全联动反应和应急处置机制，加强上下衔接、区域联动、信息共享。畅通信息报送渠道，为价格调整提供良好信息支撑。提升医疗服务价格管理信息化水平，加强医疗服务价格管理队伍建设。

八、统筹推进配套改革

（二十二）深化公立医院综合改革。完善区域公立医院医疗设备配置管理，引导合理配置，严控超常超量配备。加强公立医疗机构内部专业化、精细化管理。规范公立医疗机构和医务人员诊疗行为。合理确定公立医院薪酬水平，改革完善考核评价机制，实现医务人员薪酬阳光透明，严禁下达创收指标，不得将医务人员薪酬与科室、个人业务收入直接挂钩。

（二十三）改进医疗行业综合监管。加强医疗机构医疗服务价格监督检查，以及部门间信息共享、配合执法。研究制定医疗服务价格行为指南。依法严肃查处不执行政府指导价、不按规定明码标价等各类价格违法行为，以及违规使用医保资金行为。

（二十四）完善公立医疗机构政府投入机制。落实对符合区域卫生规划的公立医疗机构基本建设和设备购置、重点学科发展等政府投入。落实对中医（民族医）医院和传染病、精神病、职业病防治、妇产和儿童等专科医疗机构的投入倾斜政策。

（二十五）规范非公立医疗机构价格。非公立医疗机构提供的医疗服务，落实市场调节价政策，按照公平合法、诚实信用、质价相符的原则合理定价，纳入医保基金支付的按医保协议管理。加强非公立医疗机构价格事中事后监管，做好价格监测和信息披露，必要时采取价格调查、函询约谈、公开曝光等措施，维护良好价格秩序。

（二十六）衔接医疗保障制度改革。做好医疗服务价格和支付政策协同，价格管理总量调控和医保总额预算管理、区域点数法协同。探索制定医保支付标准。建立健全医保医用耗材目录管理制度。深化以按病种、按疾病诊断相关分组付费为主的多元复合式医保支付方式改革。探索对紧密型医疗联合体实行医保总额付费，加强监督，在考核基础上结余留用、合理超支分担。推进医用耗材全部挂网采购，扩大高值医用耗材集中带量采购范围。强化公立医疗机构定点协议管理。

九、组织开展试点

（二十七）加强组织领导。开展试点的地区要充分认识深化医疗服务价格改革的重要性、复杂性和艰巨性，把改革试点作为深化医疗保障制度改革的重要工作任务，把党的领导贯彻到试点全过程，建立试点工作领导机构，健全工作机制，加强组织领导，严格按照统一部署开展试点工作。

（二十八）稳妥有序试点。国家医保局会同相关部门，初期在科学评估基础上遴选 5 个城市，重点围绕总量调控、价格分类形成和动态调整、监测考核等机制开展试点，并加强直接联系指导。有条件的省（自治区、直辖市）可组织设区的市参与试点。试点城市要因地制宜制定试点实施方案，稳妥有序推进，形成可复制、可推广的改革经验。

（二十九）精心组织实施。试点实施方案要聚焦突出问题和关键环节，深入探索体制机制创新，力求有所突破，取得实效。试点实施方案由省级人民政府审核后组织实施，并报国家医保局备案。试点中遇到重大情况，及时向国家医保局和省级人民政府报告。非试点地区要按照国家医保局等 4 部门印发的《关于做好当前医疗服务价格动态调整工作的意见》（医保发〔2019〕79 号）要求，做好相关工作，持续理顺医疗服务比价关系。

（三十）做好宣传引导。各地区、各有关部门要主动做好深化医疗服务价格改革政策解读，及时回应群众关切，合理引导社会预期。充分调动各方支持配合改革的积极性和主动性，广泛听取意见，凝聚社会共识，提前做好风险评估，努力营造良好改革氛围。

附录三　常见医疗服务价格项目收费问题内涵释疑（安徽）

安徽省安庆市医疗保障局会同安庆市卫生健康委已制定《安庆市医疗服务价格项目目录》（2022 版）（以下简称《项目目录》，《项目目录》共有 5017 项，自 2022 年 8 月 1 日起正式执行。安庆市医疗保障局针对《项目目录》执行过程中医疗机构反映的问题、疑惑等进行释疑。

（一）精神科监护 311503003（ACBC002）计价说明示"限精神病专科医院封闭管理病区"，综合型三级医疗机构设有精神病科且实施封闭管理可否执行该项费用？

答：获得卫生主管部门批准设立的综合医院精神卫生科可以参照执行。

（二）输液泵辅助静脉输液 ABCB0001（120400006）计价说明提及"重症监护病房和层流洁净病房患者同时使用多个输液泵的，加收 100%"，根据《安徽省三级医院评审标准实施细则》（2020 年版），重症监护病房包含 NICU、PICU、RICU、CCU 等，该病房收治的重症病人是否均可按此收费？

答：可以。

（三）对于同时实施多条静脉通路治疗的患者，即输液泵辅助静脉输液和静脉输液同时实施，是否在不超过规定的收费次数内同时收取输液泵辅助静脉输液和静脉输液？

答：确需实施多条静脉通路治疗的，可在不超过规定的收费次数内同时收取输液泵辅助静脉输液和静脉输液。切不可为了收费而开放静脉通道。原则上，多条静脉通路时，输液泵辅助静脉输液和静脉输液，可分别按日计收一次。

（四）重症监护病房和层流洁净病房患者同时使用多个输液泵的，加收 100%。其他病区重症病人是否可以加收？

答：其他病区重症病人使用一个或多个输液泵输液，可常规按天收取一次输液泵辅助静脉输液费用，但不可加收 100%。

1. 同一手术时间进行两个切口的两种不同疾病手术，手术费用是否均为全价收取？

答：依据手术类大类说明"联合手术和分列手术项目同时存在的，按联合手术项目计价；双侧器官同时实行的手术，且计价单位为"单侧"的，第二侧按相应单侧手术价格的 75% 收取（计价说明有规定的，按计价说明执行）。以上几种情况，麻醉费不再另外加收。两个切口如果不涉及联合手术、双侧器官的，则可视同第二切口，全价收取。

2.《项目目录》（2022 版）"五、麻醉类（手术治疗）"中删除了 2019 版中的"同一开放性手术项目中有两个以上切口的手术，加收 20%"，现同一开放性手术项目中有两个以上切口，手术费用是否均为全价收取？

答：同一开放性手术项目中有两个以上切口，两个切口如果不涉及联合手术、双侧器官的，则可视同第二切口，全价收取。

3.《项目目录》（2022 版）"五、麻醉类（手术治疗）"中删除了 2019 版中的"同一病情需要再次手术，在该项目价格基础上加收 30%"，再次手术如何收费？

答：同一病情需要再次手术，再次手术可全价收取。

（五）妇科手术使用宫腔镜（子宫内膜息肉切除），该项手术可以收内镜加收费用吗？

答："五、麻醉类（手术治疗）"大类说明中明确，宫腔镜加收 300 元/台次。妇科手术使用宫腔镜行子宫内膜息肉切除，可参考项目：宫腔镜加收及宫颈息肉切除术（项目内涵：包括子宫内膜息肉、宫颈管息肉、阴道残端再生物；包括赘生物切除术）。

（六）特需医疗服务现在几级医院才能开展？

答：《项目目录》（2022版），允许开展特需医疗服务的公立医疗机构范围为全市三级公立医疗机构。

（七）《项目目录》（2022版）明确了无痛胃镜收费，无痛肠镜怎么收取费用？

答：根据诊疗需要，如果开展无痛肠镜，应按肠镜收费加上不插管全身麻醉费用。

（八）"全身麻醉"项目内涵中包括"气管插管"，医院在行全身麻醉时，再收取"经口置喉罩术"费用或再收取"特殊方法气管插管术"费用，是否违规收费？

答：依据《项目目录》（2022版），"全身麻醉"项目内涵包含各种气管插管。依据《全国医疗服务价格项目规范》（2012年版）"全身麻醉"项目内涵性一次性耗材包括"1.面罩，喉罩，气管导管，口咽通气道，鼻咽通气道，吸痰管，麻醉废气吸附器，麻醉呼吸回路；2.钠石灰"。

安徽省新增医疗服务价格项目"经口置喉罩术"原则上指在手术室外或手术室内，在对危重患者的抢救中，为迅速有效地开放呼吸道以维持患者有效的呼吸功能，为危重患者抢救赢得宝贵时间而采用的呼吸道开放技术。

（九）收取"一次性使用麻醉穿刺包"费用，再收取"腰麻硬膜外联合套件、硬膜外套件"费用，是否违规？

答：依据《项目目录》（2022版），普通"一次性使用麻醉穿刺包"属于麻醉类诊疗的内涵性耗材，不可单独收费。全身麻醉应用含"一次性气管插管套件"的麻醉穿刺包，可单独收费。另外，仅在"椎管内麻醉""腰麻""硬膜外阻滞"及"腰麻硬膜外联合阻滞"项目时，腰麻硬膜外联合套件、硬膜外套件作为项目除外内容，可以单独收费，且不得重复再收取麻醉穿刺包费用。

（十）呼吸机辅助呼吸与呼吸机吸痰护理：都是麻醉结束后，患者被送入苏醒室后，麻醉护士为病人连接呼吸机辅助病人呼吸，至病人各项指标恢复后，吸痰拔管的护理操作费用，两项费用是否能同时收取？

答：依据《项目目录》（2022 版），患者在麻醉复苏室进行监护，可收取"麻醉苏醒监护"费用；依据《全国医疗服务价格项目规范》（2012 年版），"麻醉苏醒监护（麻醉恢复室监护）"项目内涵包含"在麻醉恢复室内，监测仪连续无创血压、心电图、脉搏血氧饱和度监测，经气管内导管或面罩吸氧，吸痰，拔除气管导管等呼吸道管理或呼吸机支持，静脉输液，麻醉作用拮抗等"。收取该项目费用后，不得同时收取"呼吸机吸痰护理"费用。

（十一）"神经阻滞麻醉"项目内涵表述"包括颈丛、臂丛、星状神经等各种神经阻滞分别参照执行及侧隐窝阻滞术、侧隐窝臭氧注射等"，能否理解为："神经阻滞麻醉"项目内涵已经包括侧隐窝阻滞术、侧隐窝臭氧注射等费用，医院不得再重复收取"侧隐窝阻滞术、侧隐窝臭氧注射"相关费用？

答：依据《项目目录》（2022 版），"神经阻滞麻醉"项目内涵为颈丛、臂丛、星状神经等各种神经阻滞及侧隐窝阻滞术、侧隐窝臭氧注射等分别参照执行。即侧隐窝阻滞术、侧隐窝臭氧注射等费用可参照该项目收取相关费用。

（十二）收取"四肢血管彩色多普勒超声"同时收取"四肢多普勒血流图"，是否违规？

答：依据《全国医疗服务价格项目规范》（2012年版）"四肢血管彩色多普勒超声"指对肢体血管进行二维、彩色及脉冲多普勒超声检查。"四肢多普勒血流图"指对肢体血管进行频谱多普勒检查。临床应依据项目适应证开展检查，并根据实际提供的服务内涵收费。

（十三）针对"内、外踝骨折切开复位内固定术""三踝骨折切开复位内固定术"这两个项目内涵提出问题：1. 内、外踝骨折这个项目价格是指内踝或者外踝单项手术还是指内踝和外踝两个合计价格？2. 三踝骨骨折价格，是指三种踝骨合计手术价格吗？如果病人只做内踝或外踝或后踝如何收费？

答：1. 内、外踝骨折这个项目是含内、外踝，不是包括。广义来讲涉及内踝、外踝、后踝三者之间，两两部位同时手术，均参照"内、外踝骨折切开复位内固定术"收费。2. 三踝骨骨折手术价格，是指针对内踝、外踝、后踝三个部位同时骨折而开展的手术。非此类病人，不应按三踝骨折收费。

（十四）"一级护理"计价说明新增"一级护理可同时收取不超过2项次的专项护理费用"。问：口腔护理，压疮预防和护理，管路护理是否属于这2项次范围？

答：不属于。《项目目录》"一级护理"项目内涵包含口腔护理，压疮预防和护理，管路护理，医疗机构根据诊疗需求，可以收取除这 3 个专项护理之外的其他 2 项次专项护理费用。

（十五）静脉输液计价说明表示一次性使用精密输液器仅在化疗、中成药使用，在全国静疗规范指南明确说化疗、含中成药类的输液、脂肪乳类大分子物质输液都使用精密输液器，是否理解脂肪乳也可以收取精密？

答：根据《项目目录》，一次性使用精密输液器仅在输注化疗药物、中成药及儿童输液使用收取费用。

（十六）手术治疗类项目中，涉及双侧器官的，计价单位为"次"，是否双侧器官同时手术，收取一次费用？

答：根据《安徽省医疗服务项目目录全量库》(2022 版)，临床各系统治疗中"手术费"类项目和麻醉类（手术治疗）项目中，涉及双侧器官的，计价单位为"次"的，指针对单侧手术的操作（计价说明有规定的除外）。

（十七）《项目目录》中的项目内涵里所有内容全部符合才可以对应该项目进行收费？

答：项目内涵使用"含"表示在服务中应当提供的服务内容，这些服务内容不得单独分解收费，特殊情况下，提供其中部分服务内容，也可按此项标准收费。

（十八）冠状动脉造影术能否再收取 DSA 费用？

答：根据 2012 年《全国医疗服务价格项目规范》，冠状动脉造影术是不含 DSA 引导的。如果手术中需要 DSA 引导，可单独收费。

（十九）经皮冠状动脉腔内成形术（PTCA）能否再收取冠状动脉造影术的费用？

答：不能。根据《项目目录》"经皮冠状动脉腔内成形术（PTCA）"项目内涵为含 PTCA 前的靶血管造影，靶血管造影包括而不限于冠状动脉造影。

（二十）经同一切口进行两种以上不同手术，次要手术计价单位为"单侧"的，若次要手术双侧均需要手术治疗，比如剖腹产+双侧输卵管结扎术，该如何收费？

答：根据《项目目录》麻醉类（手术治疗）说明"6. 经同一切口进行两种以上不同手术，主要手术按全价收费，第二项手术按 75%收费，第三项手术按 50%收费，第四项手术及以上不得收费；联合手术和分列手术项目同时存在的，按联合手术项目计价；双侧器官同时实行的手术，且计价单位为"单侧"的，第二侧按相应单侧手术价格的 75%收取。以上几种情况，麻醉费不再另外加收"。剖腹产手术按全价收费，一侧输卵管按项目价格×0.75，另一侧输卵管按项目价格×0.5 收费，麻醉费收取一次。

（二十一）新目录"临床操作数字减影（DSA）引导"是不是非血管和血管介入都可以收取？

答：依据《价格目录》（2022 版），删除"非血管介入"，修改为"临床操作数字减影（DSA）引导"，即非血管和血管介入均可按此项目收取费用。

（二十二）《价格目录》（2022 版）明确了无痛胃镜收费，无痛肠镜怎么收取费用？

答：根据诊疗需要，如果开展无痛肠镜，应按肠镜收费加上不插管全身麻醉费用。